U0369159

云上银行

阿里打造的银行有什么不一样

蓝狮子·著

机械工业出版社
CHINA MACHINE PRESS

让天下没有难做的生意，一直都是阿里巴巴的使命。为了让小微创业者们的生意不因为缺钱而难做，阿里巴巴甚至开了一家银行——网商银行。这家没有实体网点、只服务小微创业者、建立在金融云上的互联网银行，短短四年，就成为全球服务小微企业和个人创业者最多的银行。

本书记载了从2007年阿里网络联保贷款，到阿里小贷时期，再到网商银行成立并飞速发展的历史，也是12年来中国乃至全球商业、互联网行业、金融行业发展的见证。阿里打造的银行到底有什么不一样？相信不仅仅是金融从业者，创业者、互联网从业者都可以从本书中受到启发。

图书在版编目（CIP）数据

云上银行：阿里打造的银行有什么不一样 / 蓝狮子著. — 北京：机械工业出版社，2019.11
ISBN 978-7-111-64057-8

Ⅰ. ①云… Ⅱ. ①蓝… Ⅲ. ①电子银行-研究-中国
Ⅳ. ①F832.29

中国版本图书馆CIP数据核字（2019）第230471号

机械工业出版社（北京市百万庄大街22号 邮政编码100037）
策划编辑：朱鹤楼　　责任编辑：朱鹤楼　蔡欣欣　解文涛
责任校对：李　伟　　责任印制：郜　敏
北京圣夫亚美印刷有限公司印刷
2019年11月第1版第1次印刷
148mm×210mm・7.375印张・3插页・172千字
标准书号：ISBN 978-7-111-64057-8
定价：59.00元

电话服务　　　　　　　　　网络服务
客服电话：010-88361066　　机 工 官 网：www.cmpbook.com
　　　　　010-88379833　　机 工 官 博：weibo.com/cmp1952
　　　　　010-68326294　　金 书 网：www.golden-book.com
封底无防伪标均为盗版　　　机工教育服务网：www.cmpedu.com

序
小微信贷的中国智慧

财经作家　吴晓波

给小微企业贷款，一直是一个世界性难题。甚至在很多人看来，这是传统金融方式根本无法达成的理想。

因为实在太难了，所以哪怕是些许的努力，都会得到空前的欢呼。在2006年，有一位经济学家和银行家，就因为做了一个"试验"而获得了诺贝尔和平奖。

这位名叫穆罕默德·尤努斯的孟加拉国学者，于1983年创办了专门给穷人提供小额贷款的格莱珉银行。它从孟加拉偏远乡村的田间地头发展而来，强调小额信贷，贷给妇女，等额本息，按周还款。在几十年里，因此获益的穷人和小微业主达800万人。在格莱珉模式中，最有创新意义也最容易被复制的是"五人小组"：五个申请人组成一个贷款小组，如果其中有一人违约，其他人需要担负连带责任；如果有一人不再申贷，五人小组也宣告解散。这类似于中国的联保贷款模式。

2007年年初，我到北京参加一个会议，是有关部门试图在中国乡村推广格莱珉模式，获奖不久的尤努斯先生也来参会。当时，政府选拔了几家以格莱珉银行为蓝本的小额贷款机构，推进小微信贷的实践。

但遗憾的是，在后来的十年时间里，由于放贷及征信成本过高等原因，格莱珉模式在中国搁浅，这些满怀理想的试点公司几乎无一幸存。

近年来，国家针对民营企业尤其是小微企业融资难、融资贵问题出台了一系列针对性强的政策措施，但在具体实践上，仍有相当多的小微企业难以获得贷款。

在今天，真正让我们看到小微信贷曙光的，不是空洞的理想主义和所谓的"穷人哲学"，而是技术进步带来的巨大动能。

本书所描述的网商银行和它的实践，可谓中国互联网人对全球金融革新做出的一个创世纪般的贡献。

这家崛起于中国本土、诞生于阿里巴巴生态、核心系统基于云计算架构的互联网银行，拥有不一样的商业模式。2015年6月25日开业的网商银行，立足于服务小微企业和"三农"群体，四年的时间，已经为超过1600万个小微经营者，提供了超过2万亿元的贷款。

在经营理念上，它秉持"无微不至"的普惠理念，与尤努斯的格莱珉模式一脉相承，又尽得互联网技术之利。它以互联网方式经营，不设物理网点，以大数据为平台，小存小贷，专注于小微企业贷款。

在信贷效率上，它在业界以"310"纯信用贷款模式著称，可以实现3分钟申请，1秒钟放款，零人工干预。极大提高了贷款效率，尤其，授信与否都是由智能机器和大数据来决定，衡量用户的标准毫无功利之心。

在信贷成本上，网商银行也通过流程的改造形成了"降维优势"，它的每笔贷款平均运营成本仅为2.3元，其中的2元钱为电费和存储硬件费用，这与传统金融模式下每笔动辄上千元的放贷成本判若云泥。

在管理团队上，这是一支传承了阿里巴巴基因的、颇具理想主义色彩的创业团队，其管理层兼具丰富的金融从业履历和互联网技术精英气质，又在目标上拥有近乎偏执的追求。它是一家"有银行牌照的技术公司"，在"数字惠普金融""科技强壮小微"的道路上不断进化和迭代。

网商银行的核心能力是大数据风控，也被称作"金刚钻"。这种大数据风控能力可以准确分析小微用户的信用情况，可以精准预知网商"双11"的备货资金需求，可以与政府和金融机构等合作伙伴的各种数据打通印证，还可以将物流行业的行车轨迹数据转换成信用数据，甚至能够在农村实现"猪脸识别"，动态记录一头猪的活动轨迹、体重、体温、料肉比、出栏天数等信息。所以，它让从事淘宝直播的"95后"创业者，让路边卖煎饼果子的小摊贩，让远在甘肃张掖的菜农都能借助手机获得迅捷、高效与公平的金融服务——而这些，正是我们一直孜孜以求的普惠金融的要义。

变革正以比我们想象得更快的速度发生，它再一次让我们看到了技术与人文关怀的完美结合。

从数据风控到信用甄别，从服务"网商"到服务"码商"，从阿里生态成长并超出阿里生态，围绕小微商家的需求和痛点，网商银行走出了一条具有中国特色的金融科技发展之路。

一方面，它背靠阿里生态。阿里生态内有近千万的小微商家，他们在供应链上的交易行为都将产生信用数据，网商银行据此为他们提供无抵押贷款；另一方面，通过一张支付宝收钱码，小微企业实现了经营数字化，交易产生数据，数据变成了信用，而信用变成了财富，成为衡量商家经营状况的维度之一。

关键之处还在于，网商银行针对小微信贷的模式不是基于公益、救济的目的"顶层设计"出来的，而是纯粹围绕小微企业的需求和痛点，在市场化的实践中摸索出来的，这不仅弥补了传统金融方式的短板，还通过数据能力将不良率控制在1%左右，在商业上完全是可持续、可复制的。理论上，网商银行可以让每一个小微企业都可以获得金融服务，科技就像一根魔术棒，将"小微信贷"这门必须去做却注定赔钱的生意，变成可持续的商业模式，方便易行、触手可及。

甚至于，网商银行不以盈利多少为目标，连续两年主动降低放贷利率，旨在服务和让利给更多弱势的小微企业。

2018年，网商银行宣布了"凡星计划"，以全面开放的姿态与其他金融机构合作，让资金通过各类金融机构的毛细血管，注入所有作为社会经济细胞的小微企业……我很喜欢图书中"数字都江堰"这个比喻，网商银行已然构建了一个数据平台，像两千年来一直造福普罗大众的都江堰一样，让资金如流水，滋养着下游数以亿计的小微经营者。

在这个充满了繁华与喧嚣的年代，我们人人都期望向上生长，迎接曙光。

今天，摆在您面前的这本《"云"上银行》，是网商银行过去四年实践的阶段性研究与总结。凯文·凯利曾说过："科技作为一个物种，我们不知道它哪天学会站立坐卧，不知道它何时情窦初开，但是我们知道，这一天一定会来。"

至少在普惠金融领域，这一天已然破晓。

引　言

　　如果我们把资金比喻成水，把大企业比喻成树，传统的银行发放贷款就好比一个农夫挑着水来浇灌这些树。而我们国家的中小企业就好比广阔无边草原上的草，如果还是让农夫挑水灌溉，那是不切实际的。要解广大中小企业融资之渴，就必须建立水利工程，挖水渠、铺水管，进行系统性灌溉。

——马云

　　四川素有"天府之国"的美誉，而地处成都平原西北的都江堰市更是山、水、林、堰、桥浑然一体，可谓清溪蜿蜒、沣水环城，号称"灌城水色半城山"。然而，大诗人李白却曾对千百年前的巴山蜀水大发感慨，有诗为证："蚕丛及鱼凫，开国何茫然""上有六龙回日之高标，下有冲波逆折之回川""飞湍瀑流争喧豗，砯崖转石万壑雷"……

　　李白或有夸张，但古代蜀地确乎非涝即旱，有"泽国""赤盆"之称。尤其是灌城周边（现今都江堰市），西部的岷江携川西高原之雪水滚滚东来，及至一马平川的成都平原，水速突然减慢，夹带的大量泥沙和岩石随即沉积下来，导致淤塞河道。每当雨季，岷江水势骤涨，成都平原瞬时一片汪洋，"人或成鱼鳖"；一遇旱灾，又是赤地千里，农作物颗粒无收。岷江水患长期频仍，鲸吞良田，祸及民生，成为蜀地生存发展的一大障碍。

蜀人有幸，迎来了太守李冰。那是公元前256年（距今2275年），秦昭襄王请出了隐居岷峨的李冰专治水患。最终李冰合父子两代人之力主持修建了大名鼎鼎的都江堰水利工程，从此蜀地"水旱从人、不知饥馑"。《史记·河渠书》记载："蜀守冰凿离碓，辟沫水之害，穿二江成都之中。此渠皆可行舟，有余则用溉浸，百姓享其利。"

都江堰既能消除岷江水患，又能灌溉成都平原数百万亩良田，且历经2200多年经久不衰，究竟是什么原因？

都江堰是当时最高技术的集大成者，是中国古代"科技普惠"的杰出代表。都江堰工程规划相当完善，通过分水鱼嘴、飞沙堰和宝瓶口三个枢纽工程联合运用，能按照灌溉、防洪的需要，科学分配洪、枯水流量，使其"枯水不缺，洪水不淹"。

首先，李冰采用中流作堰的方法，通过分水鱼嘴将岷江分成内江和外江，只有内江可以流向成都平原。内江窄而深，外江宽而浅，枯水期水位低，六成江水流往内江，丰水期水位高，六成水往外江排走，这种自动分配水量的设计被称为"四六分水"。

其次，为了进一步控制水量，防止灌溉区的水量出现忽大忽小、不能保持稳定的情况，李冰又在鱼嘴分水堤的尾部，靠着宝瓶口的地方，修建了分洪用的平水槽和"飞沙堰"溢洪道，江水超过堰顶时，多余的洪水以及洪水中夹带的泥石便流入外江。

再次，宝瓶口是最后一道"引水闸门"，由李冰父子带领民众凿穿玉垒山而形成，建成2200多年来，其深度、宽度未曾变化，无论岷江旱涝，宝瓶口的引水量基本保持稳定。内江自宝瓶口以下进入密布于川西平原之上的灌溉系统，保证了成都平原上300万亩良田的灌溉，让这里成为旱涝保收的"天府之国"。

因此，都江堰千年不朽的背后正是李冰"深淘滩、低作堰""遇湾截角、逢正抽心""乘势利导、因时制宜"的治水方略实现了人、地、水三者高度协调统一。而这种"道法自然""天人合一"的治水思想其实与中华文明古老的智慧一脉相承。

都江堰时至今日犹然造福一方，守护着成都平原的千里沃野。李冰的治水精神流传千载而润物无声，亦启迪着古往今来的无数国人。

2009年，在岷江之畔，一位身材挺拔、相貌俊朗的男子跨越千里，专程来到此地瞻仰古迹、拜谒先贤。他目光坚毅，似有所思，时而跋涉玉垒山巅眺望江水；时而漫步鱼嘴滩头，听潮声起落；时而徘徊伏龙观李冰石像前，久久不愿离去。

这个人叫胡晓明㊀，他还有一个在互联网和金融圈都耳熟能详的花名——孙权。2200多年后，这位从杭州远道而来的特殊访客，到底在找寻什么？

事情还要从2009年春节前，他与阿里巴巴创始人马云的一次见面说起。当时，作为阿里金融业务负责人的胡晓明正带领团队向马云汇报一

㊀ 胡晓明（花名：孙权），蚂蚁金服集团总裁、网商银行董事长。2005年6月加入阿里巴巴。2009年，在内部创业创建阿里金融。2014年11月，出任阿里云总裁，带领阿里云成为亚洲最大、全球前三的云计算公司。2018年11月，出任蚂蚁金服集团总裁。加入阿里巴巴前，曾在中国建设银行及中国光大银行等金融机构任职。

年以来的业务进展情况。始自2007年，为了解决阿里生态内商家与日俱增的贷款需求，他们尝试与几家银行一起合作进行网络联保贷款，然而，由于双方的理念存在分歧，业务磕磕绊绊，进展说不上顺利。

那天，他们的心情有些忐忑。

敲开马云的办公室，他们看到马云没穿鞋、反穿着袜子在挥舞着木剑，一招一式，潇洒自如，这种情景瞬间舒缓了大家紧绷的心绪。

听完胡晓明的汇报，马云表现出对阿里贷款项目近两年来努力尝试的鼓励与认可，几个剑花起落，他抛出一通极为精妙的论断：

"如果我们把资金比喻成水，大企业比喻成树，传统的银行发放贷款就好比一个农夫挑着水来浇灌这些树。而我们国家的中小企业就好比广阔无边草原上的草，如果还是让农夫挑水灌溉，那是不切实际的。要解广大中小企业融资之渴，就必须建立水利工程，挖水渠、铺水管，进行系统性灌溉。"

形象的比喻令人豁然开朗：中小企业是缺水的草原，资金是水，阿里巴巴要做的就是架设管道、开沟挖渠的水利工程。

阿里巴巴自创立以来，淘宝网、1688等平台上积累的数千万小微商家的生意规模越来越大，他们讲诚信，甚至愿意付出更高的资金成本。但是由于无担保无抵押，资金需求高频低额，很难得到商业银行的金融服务。

资金的问题不解决好，做生意谈何容易？阿里巴巴一直主张"让天下没有难做的生意"，这既是马云的初心和梦想，更是他的执念。在马云的战略布局里，初步解决用户流、物流聚集的问题后，资金流、数据流的问题必然要提上日程。在这个意义上，如何解决小微企业融资难的问题，已经到了攻坚克难的时候，阿里巴巴应当有所作为。

　　新时代呼唤新的解决方案。需要通过建设一个体系化、具有科技含量的金融水利工程，像都江堰一样，让涓涓细流惠及普罗大众。因此，阿里贷款也被正式命名为"都江堰项目"。

　　临别之际，马云送给项目团队"九字箴言"——理为先，义为中，利在后，并嘱咐团队"放手去干，不要有后顾之忧"。

　　胡晓明闻之大为感动，也马上表态："一定把阿里贷款做大、做强、做好！"

　　因为这次会面，才有了胡晓明的都江堰之旅。他知道，要真正服务数千万的小微企业，打造阿里的"数字都江堰"，实现普惠金融，并不是一件容易的事。

　　其实，"小微企业融资难"并不是什么新问题，甚至可以说由来已久，哪怕政策三令五申，为何没有实质进展？民间金融鱼龙混杂，利率奇高，企业主为何仍敢火中取栗？一边是宏观经济"流动性过剩"，一边是小微企业"嗷嗷待哺"，这中间到底该用何种商业模式去突破？为小微企业"引水"固然重要，如何激浊扬清、调节水量、管控风险？为什么是阿里巴巴而不是别人？阿里巴巴凭什么可以解决？重重疑问纷至沓来，摆在了马云和胡晓明等一大批有志于解决社会问题的阿里人面前。

　　那一天，胡晓明一直在都江堰足足待了四个小时……

目录

第一章

与时代同行

要达成伟大的成就，最重要的秘诀在于确定你的目标，然后开始干，采取行动，朝着目标前进。

——博恩·崔西

第一节

尤努斯"中国行"

2006年10月13日，穆罕默德·尤努斯荣获诺贝尔和平奖的消息，让这位兼具银行家和经济学家身份的孟加拉人闻名世界。尤努斯被誉为"穷人的银行家""小额贷款之父"，自1983年起，他所创立的格莱珉银行以独特的小额贷款模式帮助全球数百万人摆脱了贫困。

风乍起，吹皱一池春水。尤努斯和"格莱珉模式"在中国金融界引发热议，一周后的10月21日，尤努斯受邀访华，参加在北京举行的"中国—孟加拉国乡村银行小额信贷国际研讨会"。尤努斯在会上向中国人推介了"格莱珉模式"："这是一种成熟的扶贫金融模式，主要瞄准最贫困的农户，并以贫困家庭中的妇女作为主要目标客户。我们为她们提供无抵押的小额短期贷款，可以按周期还款，整贷零还。授信以五人小组为单位，以保证相互监督，如小组中有人逾期未能偿款，则整个小组都要受到处罚。另外，借款发放和偿付通过每周一次的'中心会议'公开进行。"尤努斯说，在贷款过程中格莱珉银行还会向借款人传播致富信息和科技知识，从而提高借款人的经营能力。

尤努斯的"中国行"产生了巨大的轰动效应，随后北京大学聘请他担任名誉教授，并邀请他到北大讲课，时任中国人民银行副行长的吴晓灵也会见了尤努斯。不久，全国各地更是陡然兴起了60多家"乡村银行"。尤努斯的到来也深刻影响着马云和致力于"让天下没有难做的生意"的阿里巴巴。对生意人而言，资金就像血液，差一点便生死攸关。在中国电子商务快速发展的几年中，小微企业的融资需求愈发凸显，然而，受制于自身的信用缺失以及商业银行业务结构的特点，小微企业融资始终存在巨大的"麦克米伦缺口"⊖。由小微企业集聚的阿里巴巴来填补这个缺口，看起来更加顺理成章，但前提是他们能够甄选出阿里巴巴平台和淘宝网上信用良好的小微商家，并为之提供贷款支持。本质上，这是一项面向特定客户的银行业务，而在当下，银行业依然是准入门槛极高的行业，这件事情仅凭一己之力是无法完成的。

江湖救急

作为世界上最古老的行业之一，金融业已有4000多年的历史，它有其自身的运作逻辑，并与国家经济息息相关。银行是金融资源配置的重要一环，货币银行学的经典理论告诉我们，银行是经营信用的，它作为

⊖ 麦克米伦于1931年在调研了英国金融体系和企业后，提交给英国政府一份《麦克米伦报告》，报告中指出企业规模是影响企业融资方式和融资难易程度的主要因素，资金供给方不愿意以中小企业提出的条件提供资金。

债务人吸收公众的存款，同时又作为债权人把吸收的存款贷给需要的人，在公众的眼里，它威严而不失偏颇；在漫长的发展历程中，银行业形成了一套成熟的信用评估、授信和风险计量管理办法，也是由于这套系统，作为商业机构的银行逐渐偏向了大而不倒的企业，偏向财务报表完整好看的上市公司，偏向拥有充足抵押品和资金实力强大的贷款人，因而不同类型的客户所获得的差别待遇也变得一目了然。"晴天送伞，雨天收回"，在众多小微企业和个体经营者的脑海中，这成为挥之不去的印象。

生意的起伏就像天气的晴雨是生意人的日常，不过，一旦遭遇狂风骤雨，资金链断裂、银行抽贷……各种"压力测试"便接踵而至。2008年的全球金融危机就是一次集中的映射。欧美经济急剧恶化，外贸需求骤然收窄。一石激起千层浪，危机以最快的速度蔓延至国内：原材料价格不断上涨、订单流失、应收账款收不回、库存无法变现、融资举步维艰等各种矛盾同时迸发，如泰山压顶，众多出口型中小企业几乎是在一夜之间触及生死线。

企业家魏开发的经历就是当时中国小微企业集体生存状态的一个缩影。从2007年年底开始，他经营的利谦家纺欧美订单锐减。摆在企业面前只有两条路：要么转做内销；要么转向日韩市场。可是不同市场有着不同的产品定位，包括规格、设计和面料等都要彻底改变，这些都需要大把投入，资金从哪里来？

向商业银行贷款，抵押是少不了的，像利谦家纺这样的小企业，连一份像样的财务报表都拿不出来，对于银行的征信标准更是难以企及。困顿之际，阿里巴巴的一则通告引起了魏开发的注意，他隐约记得，通告上说，阿里巴巴平台上的小企业主可以不用任何抵押物，仅凭企业之间的互相担保即可获得贷款。这像是黑暗之中的一线曙光，魏开发邀请了同处一个工业园区的倪山工艺有限公司和雨诗漫家纺有限公司两家同行企业，他们境遇相似、诉求一致，共同组成了"网络联贷联保联合体"，一起在阿里巴巴网站上提交了申请。两天之后，他们收到了140万元的"网络联保贷款"的批复函。

这笔让魏开发重获新生的贷款正是当年由阿里巴巴与中国建设银行、中国工商银行合作，向会员企业提供的网络联保贷款。一度在银行四处碰壁的魏开发觉得有些难以置信，但他又庆幸自己多年以来兢兢业业、诚实守信地经营着的事业没有功亏一篑，他记得通告上写着，"所有在阿里巴巴平台上积累了3年信用且没有不良记录的'诚信通'会员都能享受到这款贷款服务。"原来，这是真的！

我们知道，在银行业，由于债务人无力清偿贷款而造成的信贷风险，一直是不容回避的一个难题，也是因此，各商业银行都在竭尽所能地对贷款人的抵押物和各项资质进行严格的审查，以避免不良贷款的发生。而阿里巴巴所提供的无须任何抵押物的纯信用贷款，又是如何保证安全性的呢？胡晓明回忆说，"对提出申请的企业，阿里巴巴会对其在网络交易时留存的铺货记录、产品被浏览记录、被询问记录、成交记录等上万个数据进行核查。然后，将企业在阿里商业信用数据库中积累的信用记录交给银行，由银行进行审核并决定是否发放贷款。"

这种区别于传统金融风控方式的突破是由于技术的发展让大数据的普遍应用成为可能，如同维克托·迈尔-舍恩伯格在《大数据时代》描述的那样，"大数据开启了一次重大的时代转型。就像望远镜让我们能够感受宇宙，显微镜让我们能够观测微生物一样，大数据正在改变我们的生活以及理解世界的方式，成为新发明和新服务的源泉，同时更多的改变正蓄势待发。"

此外，这也是尤努斯联保模式的本土化吸收。因为组成"联贷联保联合体"的企业都是同类企业、上下游企业、兄弟企业或者关联企业，彼此同处一个圈子里，三家企业一起申请联保贷款，企业间首先要规避来自对方的风险，所以这就解决了以往银行在贷款过程中与企业的信息不对称问题。

当然，网络联保贷款模式并非万无一失，因此惩戒机制依旧不可或缺，阿里巴巴于是祭出了一招"网络封杀"的狠手。按照阿里贷款的协议，如有企业联合体逾期不还款将被曝光在"阿里巴巴欠款企业信息公告"上，其商友也会收到相关企业的违约通告邮件——遭到阿里巴巴封杀无异于断送了"经济生命"，它们将无法继续在阿里巴巴这个平台上立足，在行业中恶名昭著，这样的失信成本是轻易承受不起的。

网络联保模式得以推行，既借鉴了尤努斯"格莱珉银行"小额信贷的联保经验，也赶上了国内金融业逐步开放的东风。

2007年6月，阿里巴巴与中国建设银行在杭州西湖国宾馆举行了"e贷通"的首次放贷发布，阿里巴巴平台上的4家网商凭借"网络诚信度"获得了120万元的贷款。而中国建设银行拟定了多达42万字的《阿里巴巴网络中小企业联保贷款操作规定》，也获得银监会的批准。

此后，阿里巴巴的"联保贷款"被《焦点访谈》《经济半小时》等中央电视台节目先后报道，成为当时金融创新的代表。

监管层的肯定、中小企业的赞许以及金融服务实体的不俗成绩，激发着阿里人的奋斗热忱。

"经过2008年的试点，阿里巴巴认为联保贷款可容忍的信用风险门槛还可放低。""我们理应覆盖更多更小的企业，包括尝试发放几十万元额度的贷款。甚至将来这类贷款将成为主流。"胡晓明很清楚，阿里巴巴和小企业的利益是牢牢捆绑在一起的，只有它们发展得好，阿里巴巴的整个商业生态系统才能更稳定。

我们自己干

初见胡晓明，让人印象深刻：这是一个个性鲜明且颇有几分帅气的中年人，从他一头的板寸、文艺气质的围巾打扮，依稀可以辨出那个十几年前加入阿里巴巴的鲜衣怒马少年郎。胡晓明生于1970年，浙江大学金融学科班出身，2005年加入阿里巴巴。在此之前，曾任职于中国建设银行和中国光大银行等金融机构，在公司及个人金融业务、小微企业融资、网络信用体系等业务方面拥有丰富的工作经验。从经历来看，懂金融、懂运营是胡晓明最大的优势。

在胡晓明的身上，你很难看到那种体制内金融从业者的腔调，他这样描述自己的经历："在国有银行'服役'10年，一直有个梦想，一定要在33岁之前离开，为此自降薪酬来到股份制银行，干了6个多月，发现工作依然机械重复，甚至2小时就可以完成一天的工作。一次机缘巧合，参加了与支付宝的项目谈判，谈了一段时间，项目没有谈成，倒把自己给谈出去了。为什么加入阿里巴巴？我喜欢激情。"

胡晓明一开始供职于支付宝，他用四年时间见证了世界最强支付系统的诞生。毋庸置疑，精通金融领域，又熟悉阿里巴巴生态的他，可以说是负责操盘网络联保贷款项目的最佳人选。

事实上，阿里巴巴电子商务平台的优势是显而易见的，仅在当时，全国就有3700万家中小企业在这个平台上做生意。累积多年的经营信息，清晰地记载了这些企业的商务运行轨迹，确保阿里巴巴有足够的能力帮助银行控制风险。

胡晓明也是心气甚高，他说，"尤努斯'乡村银行'的概念给我们奠定了理论基础。阿里巴巴与中国建设银行合作的网络联保又比乡村银行更多地利用了互联网技术，融入了可量化的信用模型，是对尤努斯模式的超越。"

2008年前后，网络联保贷款呈现出星火燎原之势。阿里巴巴与中国工商银行、上海浦东发展银行、招商银行以及各地方城市商业银行相继展开合作。

"我们只做100万元以下的贷款，100万元以上的让银行去接。我们要当直升机，不是波音，直升机飞得更低，载重量大，更贴近草根。"胡晓明这番话再次明确了"都江堰项目"的初衷，一心一意服务小企业，为它们提供源源不断的资金流。

2009 年，马云与阿里金融创业团队

按照银监会和央行的最新标准，授信额度在1000万元以内的都可以称为小微贷款，而按照马云的初衷，阿里巴巴要重点服务的是100万元以内的贷款需求，面对的人群，几乎可以说是小微里的小微。这群人长期游离于传统金融体系的边缘，用草根来形容并不为过。但是积少成多，他们的资金需求早就汇聚成了一片汪洋大海。阿里巴巴要找到合适的方法和模式去突破它。

平静的海面暗流涌动。随着时间的推移，阿里巴巴与几家银行的合作面临调整。"2007年到2008年像是一个蜜月期，到了2009年年底的时候，我们越来越发现我们所喜欢和想要服务的客户，以及我们想要实现的信贷模式和银行的传统信贷风险理念有所不同。"

虽然才刚刚推了一年，但胡晓明的阿里金融团队已经形成了大数据风控理念，试图利用小微企业的信用数据进行风险评估，达到控制小微信贷风险的目的。然而，首先，在十年前，银行业还无法完全接受大数据风控理念，它们对于阿里巴巴提供的信用数据也将信将疑，于是坚持贷款一定要有担保，成为最低的要求；其次，银行对阿里巴巴提供的小微企业名单并不认同，它们按照一贯的逻辑，只愿意针对其中的头部客户放贷；再次，银行还是习惯线下尽职调查，认为风险评估必须线上线下联动。

无论如何，业务的出发点和立场不一致，导致大家的初衷和价值立场相背离，嫌隙越来越大。

胡晓明曾经几次三番与合作的银行沟通，结果均不了了之。"仿佛拳头打到了一团棉花上，那是一种非常强烈的无力感，但无力感解决不了小微企业的融资难问题。"如今回想起来，胡晓明依然很不甘心。因为，即使对方团队也很努力，也希望打开新局面，可是那时候银行业的体制机制、信贷文化仍有其惯性。

又一次,胡晓明带着团队再度从北京与银行的会面中铩羽而归,他思来想去,开弓没有回头箭,是时候做出决断了。

第二天一早,胡晓明把整个团队召集到办公室的休息区,众人看到,他快步走来,噌的一下直接跳到乒乓球桌上。他看着团队伙伴,把脚用力一跺,大声说道:"大家听好了,从今往后,小微信贷事业我们自己干!"

这一刻之后,闲置许久的乒乓球桌也完成了使命。

牧羊犬——梦开始的地方

2009年,中国互联网进入了蓬勃发展的第十个年头,阿里巴巴、网易、搜狐、新浪、腾讯、百度等一大批互联网上市公司先后迎来了10岁的生日。

9月10日,阿里巴巴10岁生日这天,杭州黄龙体育馆内聚集了两万多名阿里员工、家属及客户。这一天,年过不惑的马云以白发鸡冠装的朋克形象闪亮登场,一曲《Can you feel the love tonight》令万众瞩目,销魂夺魄。这成为阿里巴巴步入下一个时代的标志,这一天,身为阿里巴巴集团董事局主席的马云宣布,阿里巴巴18位创始人已经集体递交辞职信,辞去创始人的身份,重新竞聘上岗。年轻的阿里巴巴将从此告别创始人时代,进入合伙人时代,而阿里巴巴所坚持的"客户第一,员工第二,股东第三"的原则也将在新的商业时代里得到淋漓尽致的体现。这一天,马云正式提出"打造服务1000万小微企业的新商业文明生态,提供1亿就业机会,服务10亿消费者"的宏大目标。这既是阿里巴巴对过去10年的一场告别,也是对未来已来的一次畅想,随之而来的是阿里云、蚂蚁金服、菜鸟、大文娱等一系列新的业务版图的——破局。

同一年，胡晓明领衔筹建阿里巴巴集团信用金融部⊖（简称"阿里金融"），专注解决小微企业融资难题。他撸起袖子"自己干"起来。然而很快胡晓明便发现，这个刚刚组建的阿里金融，实际上只是一个空壳，没有产品、没有技术人员、没有系统，也没有专业的金融从业人员。

自己没有的就去借。胡晓明对于这一经历记忆深刻。他曾亲自在阿里巴巴各个部门刷脸，到处请人吃饭，寄希望于跨部门协调解决问题。在2015年中国创客大会上，他就分享了在内部"乞讨"的经历："那时候经常找这个借一个开发人员，跟那个借一个数据分析人员，借一个UED⊜人员……不断在内部进行游说。"半年以后，阿里巴巴集团内部

阿里金融创建者胡晓明

⊖ 阿里巴巴集团信用金融部的前身是阿里巴巴中国站"诚信通"网站运营部下属的贸易信用部。
⊜ UED:User Experience Design（用户体验设计），简称UED。UED是进行产品策划的主力之一，他们用自己的知识、经验、设计能力拿出设计方案。

传开一句话："防火、防盗、防孙权（胡晓明的花名）"。

班子终于搭好了，下一步就要推出开局性的产品。他首先看到了淘宝商家们普遍存在的需求——快速回款。有过淘宝购物经验的人都知道，为了保证买家和卖家双方的权益，淘宝从一开始就设定了由支付宝提供担保交易的服务规则，买家确认收货后，卖家才会收到货款，如果买家迟迟不予确认，系统将延期支付。这给平台上的卖家带来了资金上的压力，众所周知，淘宝平台上的卖家大多资金有限，如果能有一个办法帮助他们缩短回款的周期，将大大提高资金的周转率，并快速投入再生产。胡晓明想到了通过应收账款融资的办法来为卖家们解决这个问题："买断"淘宝网担保交易中没有确认收货的订单，为淘宝商家提供快速回款的金融服务，从而使商家可以更快地把资金投入到采购等经营行为中去，对于阿里巴巴来说，这种业务模式的风险也相对较小。阿里金融第一代互联网产品——订单贷款由此产生，项目代号"牧羊犬"，意为高效敏捷助力阿里生态平台上的小微商家。

牧羊犬项目团队筹备初期人手奇缺，几个技术人员中有的甚至是应届毕业生，有的则来自外包公司，于是胡晓明只好向阿里云的创始人王坚博士"借人"，由阿里云帮忙承建，提供相关技术支持。

虽缺少资源，但阿里团队向来不缺的是旺盛的士气，几个核心骨干作风更是"彪悍"，那段时间基本是没日没夜地加班加点。高级技术专家林水镜⊖就是项目的核心成员之一，他记得有一回信贷管理系统项目组的同事刘国鹏在完成财务系统发布后，清晨5点44分就给胡晓明发短信汇报，让胡晓明大为感动，当天上午，他给阿里金融全体成员群发了

⊖ 林水镜（花名：果郡），网商银行高级技术专家，全程参与了网商银行的技术研发工作。曾作为核心技术人员参与2010年"牧羊犬"项目孵化出阿里金融的第一款产品。

邮件:

"我们的背后有这么一支团队在奋斗、在工作,而且是默默地。如果不是我走的时候为鼓励他们说'给我发一个短信通知我一声',我想项目组也不会打扰我,他们一定会默默地发布、再默默地一路往前,尽管没有鲜花、没有喝彩,但他们还是会继续义无反顾地前进,朴实地前进!感谢你们,所有技术团队的同学!尽管我不能一一打上你们的名字,但我会向项目组要所有人的名单。"

艰苦的岁月往往给人留下更加难以磨灭的记忆。那时候有意思的事情好像也格外得多。网商银行HRG王大海㊀回忆,"某次胡晓明正在给大家上课,一位同学在那睡觉。胡晓明把他摇醒了,问,你昨晚上干吗去了。他说我通宵啊。胡晓明说,好,你接着睡,然后回去继续讲。就是有这么一群做事干脆又可爱的人,一路打磨,一路成长,成了今天的中流砥柱。"关于那段激情燃烧的岁月,王大海还专门撰文《光荣与梦想(续篇)》㊁,记录下每一个值得留存的片段。

就这样一连几个月的疯狂作业, 2010年4月11日凌晨1点28分,牧羊犬项目终于发布。凌晨1点29分,第一名客户陈辉申贷,三分钟后获贷成功,金额1368.17元。

今日想来,牧羊犬项目孵化出的淘宝订单贷款产品可以说是划时代的产物。这是业界首次通过互联网的技术,没有任何线下手续,完全在线上将客户的商业场景与金融服务无缝对接,实现了全自动的资产估值、贷款发放、还款流程,冠以中国首个互联网信贷产品之名并不为过。

㊀ 王大海(花名:演音),网商银行HRG。2014年加入蚂蚁金服,在人才招聘、培训、激励等方面陪伴业务成长。HRG:Human Resource Generalist,阿里巴巴内部俗称"政委"。

㊁ 早在阿里小贷时期,团队内部成员曾编写《光荣与梦想——我们的基本法》记录创业之旅,故后者名为《光荣与梦想(续篇)》,本书参考并引用了以上两份材料。

　　当时，面向小微企业、面向农村的公益贷款项目很多，但大多还是以"人盯人""互相保"的传统模式来运作，尤努斯模式在中国的项目落地刚刚开始，在全国范围以互联网技术去做迭代和落地的，除了阿里巴巴再无其他。

　　牧羊犬项目发布后，几位项目组成员正式从阿里云转入当时的阿里金融，组织层面完成了技术团队的会师。业务上，受阿里信用贷款的启发，产品代号"2001"的淘宝信用贷款也成功推出。

　　淘宝信用贷款开创性地采用了预授信模式，淘宝商户登录贷款首页就可以看到额度，而且不需要预先报名、申请、审批的流程，这种所见即所得的产品体验让客户大呼过瘾。

　　预授信模式的出现，为之后网商银行的"310模式"奠定了基础。这款产品上线后，用户好评如潮，业务疯狂增长，阿里人大感惊讶，他

2011 年 7 月，阿里金融团队齐云山悟道

们意识到，以大数据模型的方法，将客户的经营历史、行为记录、交易数据结合起来，进行信贷风险的管理，实现"信用等于财富"的理想并非不可能。

尤瓦尔·赫拉利在《人类简史》中写道："如果没有信任，就不可能有贸易网络，而要相信陌生人又是一件很困难的事情。今天之所以有全球贸易网络，正是因为我们相信一些虚拟实体，例如美元、联邦储备银行，还有企业的商标。而在部落社会里，如果两个陌生人想要交易，往往还得先借助共同的神明、传说中的祖先或图腾动物建立信任。"21世纪人们早已不能指望相互的信任建立于祖先或神明崇拜，所谓熟人社会的天然默契也无从谈起，因此，用互联网手段塑造网商的信用体系成了应有之义。

2010年，金融危机硝烟未散，中国经济已率先复苏，事情正在起变化。

第二节

"玄奘之路"

　　莱昂纳德·科恩在《颂歌》中写道："世界有裂痕，那是光照进来的地方。"

　　回顾当年的国内国际经济环境，中国网商集体性地遭遇了国际金融危机的洗礼，但仍然实现了持续、稳定的发展。网商之间的协作关系日渐深化，发展路径亦趋向多元化。与此同时，电子商务在支持创业者方面的作用也越来越明显，淘宝网等主流电子商务网站，成为最受青睐的创业平台之一。

　　网商群体的活跃性，增强了阿里金融向金融服务纵深进发的信心。经过持续的摸索，为了更有效地服务小微企业，尤其是网商群体，2010年6月，阿里巴巴联合复星集团、银泰集团、万向集团成立了浙江阿里巴巴小额贷款股份有限公司。这是首个电子商务领域的小额贷款公司。

次年6月，重庆阿里巴巴小额贷款公司也宣告成立。

阿里巴巴潮头勇立的姿态，激励着越来越多的公司试水小额贷款。2012年11月，京东商城与中国银行北京分行签署战略合作协议，正式推出供应链金融服务。同年12月，苏宁获批成立重庆苏宁小额贷款有限公司。2013年12月，腾讯也在深圳成立了财付通网络金融小额贷款有限公司……

一波未平一波又起

一般的商业银行"以大为美"，大都关注"头部"的企业，阿里小贷反其道而行之，"以小为美"，服务于"腰部"甚或"长尾"的"利基市场"。进入小微金融领域，必须非常注重信贷风险的管控，阿里小贷逐渐摸索出了一套互联网化的融资信用核查办法。

在贷款前，审核人员一般通过视频聊天的方式，了解企业的经营情况和用款需求。同时，结合企业在阿里生态平台上的信用数据，完成信贷的审批工作。这样的融资机制可以为小微商家提供"贴身服务"，而阿里小贷的风控模型也受到业界越来越多的认可。有卖家透露，当时甚至发展到了某些银行承诺只要提供阿里小贷的贷款截图，阿里小贷给多少，他们也能给多少。

良好的开局可以视为成功了一半，不过，小微金融服务作为世界性难题，在日后的发展中遭遇困难也在预料之中。

2011年淘宝扶持贷款的出炉就是一个不小的挑战。那一年适逢阿里巴巴的"本命年"，却爆发了震惊中国商界的淘宝商城（天猫前身）"十月围城"事件。事情起因于10月10日淘宝商城发布的一则公告⊖，阿里巴巴的本意是通过提高技术服务费和保证金的方式，来提高淘宝商城的进驻门槛，让淘宝商城成为"品质之城"，摆脱假货、水货与劣质服务的困扰。但按照新规，所有商家必须在年底前拿出平均超过预算10多万元的资金，阿里巴巴不再是免费创业的乐园。这对于资金链极其紧张的中小卖家而言无异于一颗重磅炸弹，很多人当时就懵了。

第二天淘宝商城就受到恶意攻击，大卖家、直通车、聚划算通通受到波及，经营秩序被严重干扰。以至于11月15日惊动商务部出面调解，据说马云当时曾手书了五个"忍"字。10月17日，马云在淘宝商城新闻

⊖ 公告的核心内容是将技术服务年费从以往的6000元提高至3万元和6万元两个档次。同时，商铺的违约保证金数额全线提高，由以往的1万元涨至5万元、10万元、15万元不等，最高涨幅高达150%。公告还指出，续签时间为2011年10月17日至2011年12月20日18时止，且续签商家2012年度技术服务年费的缴纳和保证金的冻结必须在2011年12月26日之前一次性完成。年内不能缴费签订新一年合同的卖家，将被清退出商城。

发布会上宣布，出资18亿元扶持商户。其时，考虑到部分商家抱怨资金压力，淘宝商城拿出5亿元作为现金担保，为符合条件的小商家贷款提供担保支持，淘宝扶持贷款也由此诞生。

在接到这个"政治任务"后，阿里小贷的风控、产品、技术等各部门全力攻坚，硬是在一个月的时间里完成了信贷政策和技术准备，保证了淘宝扶持贷款如期上线，为数千个资金困难的小微商家提供了资金支持，解决了商城入驻问题。

2012年，尚只有2万个客户和2亿元贷款余额的淘宝贷款发起了三年完成百万个客户和百亿元余额的"百万战役"。随之阿里小贷计划开展"6·18淘贷大促活动"。首轮测试在5月18日启动，当天凌晨4点13分，第一笔贷款审贷成功。这让大家很激动，但是系统性能仍然堪忧，由于活动页面的技术实现方案不合理，导致了页面资源无法正常加载，

2012年，淘宝贷款余额时点值破表

服务器宕机……

胡晓明当机立断将项目团队分为两组相互PK，技术团队多次通宵进行压力测试，最终有惊无险，经过半个多月的努力保证了系统的平稳运行。

业务的火速推进并未给胡晓明留出喘气的时间。2013年7月，随着服务客群的增加，淘宝贷款被盗案件突然爆发。到11月，每月已有超过140个客户，累计120万余元的贷款被盗。不法分子有组织有策略地对小微商家进行钓鱼，获取客户的账号密码后支用贷款，转移资金。网络上充斥着"支付宝被盗""余额宝被盗"等报道。11月14日，甚至出现了大额贷款被盗事件。此时胡晓明刚刚调任阿里小微金服⊖首席风控官，救款如救火，他迅速召集技术、风控、产品等各部门负责人连夜开会，研究对策。

终于，"支付密码找回方案"在2014年1月17日深夜上线，从源头控制住账户被盗的风险，解除了"支付宝，知托付"的信任危机。

时隔不久，2014年春节前夕，由于上游政策规则修改的疏忽，又导致约8万个正常客户的贷款被打上强制扣款标记，系统在30分钟内发起了强扣，导致这些用户的贷款被提前收回，善后工作处理整整持续了1个多月。这次事故敲响了警钟，亿万元资金在指尖流淌，牵一发而动全身，稍有闪失都可能引爆致命的危机。从那以后，技术监控、熔断开关、应急预案等措施开始普及和深化，整个团队的业务能力有了系统性改观。

阿里小贷团队就这样跌跌撞撞一路走来，不断进化，不断成长，他们知道想要成为小微企业首选的金融服务商，就必须适应市场，唯一不变的就是变化本身。

⊖ 阿里巴巴集团于2013年3月7日宣布将筹备成立阿里小微金融服务集团，阿里小微金融服务集团，主要业务范畴涉及支付、小贷、保险、担保等领域。

2011 年，阿里小贷团队第一次走"玄奘之路"

　　团队内部常常把筚路蓝缕的创业过程比喻成唐僧西天取经。唐太宗贞观元年，玄奘法师孤独涉险、西行取经，从长安走到天竺，西行之路几万里，前后历时17年，徒步五万多里，途经过110个城邦、地区、国家，终于抵达了他心目中的佛教圣地，取回佛经600余部，玄奘也因此被尊称为"三藏法师"。在世人眼中，"玄奘之路"艰苦卓绝，既是一场信仰之旅，也是一场孤独的探险，玄奘用实际行动说了一个道理：从来就没有到达不了的路，只有轻言放弃的人。当时的胡晓明想，玄奘的这种精神，不也正暗合了我们此刻正在开拓的事业吗？既然大家都这么说了，不妨我们也去走一走当年的"玄奘之路"。阿里小贷的"玄奘之路"从此启动。此后，阿里小贷的核心高管团队每年都要到大西北瓜州戈壁体验一次四天四夜、全程128公里的徒步越野。循着玄奘的脚步，求取属于他们的"真经"。

网商银行的人力资源部总经理高云⊖对此感触颇深，至2019年，她加入阿里巴巴已经有13年了，曾在阿里软件和阿里云任职，这些年负责网商银行的人才和组织建设。她说每年重走"玄奘之路"已成了公司的传统，通过这种形式的团建，能够让大家感受贯穿阿里金融、阿里小贷及至网商银行的企业文化内核——"理想 行动 坚持"。

风沙与酷热冲击着人们的心理防线，"你会看到失望、沮丧、挫折、痛苦，但是最终必须选择坚持的力量。"胡晓明今天的微博签名依旧是："宁可西行而死，不可东行而归。"

他经常提起某次"玄奘之路"，一行人徒步到了深夜的六宫城遗址，大伙四散在旷野里，仰望璀璨星河，寂静的天宇令人思绪万千。有人掏出红外射线在空中描绘北斗七星的轮廓，远方的山岩上风声回旋……那一刻，胡晓明觉得，他们的梦想以及众多小微企业的梦想，也如这璀璨星河般闪耀，而势如破竹的阿里小贷业务，势必成为这片星空的守护者，让他们在漫长的创业路途上不再孤寂。

Enabler，利他者

历经支付宝10多年的信用数据积累，阿里小贷5年的小额贷款实践，阿里巴巴的金融体系初具雏形。2014年10月，蚂蚁金服宣告成立。

"我们要搭建一个开放的金融平台，让所有金融机构在这个平台上自由地舞蹈。"第一任董事长彭蕾对蚂蚁金服寄予厚望。

⊖ 高云（花名：高云），网商银行人力资源部经理。加入阿里巴巴13年，曾在阿里软件、阿里云任职，从网商银行成立开始，一直负责组织文化和人才队伍建设。

网商银行第一任董事长井贤栋

　　时任首席运营官的井贤栋⊖，在成立当天的发布会上对蚂蚁金服的平台思维做了进一步的阐释，他说，未来的金融生态中，合作将多过竞争，"生态开放系统"有望成为一种商业模式。如同电商领域的阿里巴巴生态系统一样，金融业也会出现类似的生态系统，它以云计算、大数据为底层设施，以信用体系为基础，支持多种平台业务，如支付、投融资、理财、保险、银行等。在这个意义上，蚂蚁生态将对所有金融机构开放。

　　对于蚂蚁金服的终极目标，井贤栋认为是"Enabler"，有人翻译成"赋能者"，井贤栋不太喜欢字面上这种居高临下的姿态，他更愿意将其译为"利他者"。这种利他主义即取合作中的最大公约数，相互成

⊖　井贤栋（花名：王安石），蚂蚁金服董事长兼CEO。2007年加入阿里巴巴。2009年9月起，担任支付宝首席财务官。2014年10月起，担任蚂蚁金服首席运营官。2015年6月起，担任蚂蚁金服总裁。2016年10月，出任蚂蚁金服CEO。2018年4月，出任蚂蚁金服董事长并兼CEO。加盟阿里巴巴前，曾担任广州百事可乐首席财务官。

就，让客户依托蚂蚁金服的平台收获更多的可能性。

蚂蚁金服的愿景并没有停留于口头，2015年，蚂蚁金服启动了"互联网推进器计划"，旨在推动平台、数据和技术方面的能力全方位对外开放，5年内助力超过1000家金融机构向新金融转型。一个月后，蚂蚁金服推出"蚂蚁金融云"，将自己积累多年的云计算能力和技术组件向金融机构全面开放。

2016年，"杭州·云栖"大会开幕，蚂蚁金服宣布了"蚂云计划"，这是"互联网推进器计划"的"Plus版"，通过连接阿里巴巴的生态能量，蚂蚁金融云将升级为集云计算、人工智能、安全、信用支付、金融生态于一体的强大金融云服务，致力于服务全球5万家金融机构。

"眼下，人类正处于所谓第三次工业革命的黄金时代，作为一家科技公司，蚂蚁金服想做和正在做的事情，是用科技推动社会'往后退'，一直退回人类最初的模样：简单、平等、自由。"这是《蚂蚁金服2016年可持续发展报告》中的一段话，略富诗意的表述，让我们对彭蕾所谓"微小而美好的，有安全感、信赖感和幸福感的金融"充满想象。

彭蕾曾多次向大家推荐《金融与好的社会》一书，该书的作者是著名经济学家、耶鲁大学金融学教授罗伯特·希勒。希勒教授享誉国际金融学界，他或许是唯一一位既预测到2000年股票市场泡沫，又成功预言了2008年次贷危机的学者。

相比他本人的神奇预测，《金融与好的社会》中的观点同样具有吸引力。希勒在书中写道，金融并不是社会的寄生虫，社会离不开金融，而金融也应当服务于社会。希勒相信人性的光辉，认为可以为了公众的利益，通过技术创新重塑金融秩序，把金融业作为人类财富的管理者，通过公众的广泛参与，让金融业为人类社会的良性发展服务，让社会更加民主化。

希勒教授的观点一反人们对金融的固有成见，与蚂蚁金服"为世界带来更多平等机会"的理念遥相呼应。正如他在中文版自序中所说，"中国经济如果要持续增长，其金融业的体量需要极大地增加，直接或间接参与金融业的人数也要大幅度增加。"

如此看来，蚂蚁金服来得正是时候。

在蚂蚁金服的一次周年晚会上，彭蕾动情地说："舞台就绪了，大幕拉开了，但是最精彩的演出还远远没有开始……今天一切刚刚开始，还只是到了入海口，远远没有进入海面上。"

第二章

为你，我们开了一家银行

人们在一起可以做出单独一个人所不能做出的事业；智慧、双手、力量结合在一起，几乎是万能的。

——韦伯斯特

第一节

创业维艰

为什么要做"利他者"？——"己欲立而立人，己欲达而达人。"这句话出自《论语·雍也》，两千年前孔老夫子的箴言道出了最简单朴素的真理：在这个世界上，没有谁是一座孤岛，所有人的命运皆紧密相连，"我为人人"即"人人为我"。

马云曾多次在公开场合回忆起当年创业的艰辛："我那时创办了一家小企业海博翻译社，为借3万块钱，花3个月时间把家里所有的发票凑起来抵押，还是没有借到。那时想如果有一家银行能够专门做这样的事情，我觉得能够帮助很多人成功。这样的想法一直没有停止过。"

也许正是这样的经历，使他萌生了"让天下没有难做的生意"的愿景，也埋下了创建一家银行的初心。我们可以从阿里金融业态的演变中看到一条"立己达人"的清晰脉络：2004年，淘宝无法线上付款，银联也帮不上忙，马云自己做了支付宝，与银行直联。2007年，阿里巴巴的商户急需贷款，马云找了建行、工行做联保贷款，后来又自行创立阿里小贷，直到拿下银行牌照。

2010 年，马云与阿里小贷团队

创业至今，马云力主的一切业务都围绕中小企业展开：1688、淘宝、天猫是交易平台；支付宝是支付结算；菜鸟是物流；阿里云是IT数据系统。网商银行的到来，为这个生态系统又补上了一块重要的拼图。

自建核心系统

2014年是互联网金融加速渗透的一年，从移动支付技术升级，到场景建设，再到产品创新，它的成长正重塑着未来金融的形态。"互联网金融"也首次被写入政府工作报告：促进互联网金融健康发展，完善金融监管协调机制……让金融成为一池活水，更好地浇灌小微企业、"三农"等实体经济之树。

时年7月，深圳前海微众银行、天津金城银行、温州民商银行获批筹建，9月底，上海华瑞银行、浙江网商银行获批，至此首批试点的五家民营银行全部出炉。五家民营银行的获批，是自十八届三中全会允许民间资本发起和设立中小型银行等金融机构以来的重大突破㊀，打破了我国银行业对民营资本行业准入的限制。

其实，早在2010年，阿里巴巴的"银行梦"就已起航。为了开设一家有别于传统金融方式的机构，能够更全方位地为小微客户提供普惠金融服务的互联网银行，当年7月胡晓明启动了"杨公堤一号"项目。

取名"杨公堤一号"，是因为项目需要严格保密。那一年西子湖畔的杨公堤上游人往来如织，他们并不知道咫尺之隔的杨公堤1号海航饭店里，一群阿里人正在闭关撰写方案。屠剑威㊁是项目具体负责人，他和项目组的同学连续奋战了五六个月，回忆起当初的经历，屠剑威动情地说："那些日子让我终生难忘，当时我们每一封邮件下，都有一句话'不是在斯德哥尔摩，就是在去斯德哥尔摩的路上'，因为我们的愿景就是拿诺贝尔和平奖啊！"这当然是受到尤努斯事迹鼓舞的缘故，团队

㊀ 2014年成为民间资本进入银行业取得历史性突破的年份。这一年，有100余家中小商业银行的民间资本占比超过50%，其中部分为100%民间资本；全国农村合作金融机构民间资本占比超过90%，村镇银行民间资本占比超过72%；已开业民营控股非银行业金融机构43家，其中6家为2014年新增。

㊁ 屠剑威（花名：Alex），蚂蚁金服集团副总裁。2010年加入阿里金融并牵头主导了网商银行的牌照申请工作。2011年兼任支付宝法务合规总监，并在蚂蚁金服成立后担任法务合规部总经理。曾先后在工商银行、花旗银行、香港永亨银行从事法务合规管理工作。

也以此相互激励,终于在规定的最后期限前提交了筹建银行的可行性方案。"几个月后回到家,我太太都开玩笑说快不记得我长什么样了。"

功夫不负有心人,2011年3月项目方案得到国务院批复,让中国人民银行给予筹建建议。中国人民银行的筹建建议中,提出由外部合作方作为大股东,这样的安排偏离了阿里人的设想,由于多轮协商未果,最终2011年年底项目组解散。虽然该项目遗憾关停,但是为后续筹备网商银行的"一号项目"积累了经验,这也是阿里人筹建银行的第一次试水。

马云说,中国和世界不缺少一家银行,缺的是为小微企业和消费者服务的银行,2014年中国银监会下发通知,同意阿里巴巴计划筹建浙江网商银行的请求,网商银行获批⊖,这一愿望终告实现。作为一家互联网银行,网商银行没有线下网点,也没有一名信贷员。然而,网商银行在2014年9月已获批,直到2015年6月才正式宣告。"起了个大早,赶了趟晚集",网商银行何故姗姗来迟?

事实上,网商银行筹备伊始的定位就是互联网银行的探索者,"一号项目"要做的就是一家前所未有的技术驱动型互联网银行。既然要求技术驱动,那么这个技术必须是自有的。可是,网商银行获批后距离系统验收的时间窗口只有半年!此时,一个关键的抉择摆在案头:核心系统是自建还是外购?

时间一天天过去,验收期限步步紧逼。当时主抓网商银行筹建的俞胜法⊖很清楚,核心系统关系网商银行长远发展,只有自建的分布式架

⊖ 2014年的11月,胡晓明调往阿里云担任总裁。
⊖ 俞胜法(花名:常至),蚂蚁金服集团副总裁、eWTP金融服务工作组组长。2014年2月加入蚂蚁金服。2015年6月,担任网商银行行长。2016年12月,开始担任蚂蚁金服首席风险官。2018年1月,任蚂蚁金服eWTP金融服务工作组组长。加入蚂蚁金服之前,历任杭州银行副行长、党委委员、副董事长、行长,杭州市金融办党组书记等职。

2014 年 9 月，一号项目正式启动

构才能灵活应对业务需求。他权衡再三，终于做出了艰难的决定——独立自主研发。俞胜法曾任杭州银行行长、杭州市金融办副主任，为了全力保障网商银行核心系统的工作，他索性请来了杭州银行新系统的开发团队，每天给阿里巴巴的同事上课，为他们讲解银行系统的开发要求。

　　在俞胜法的带领下，一线的核心架构师按照多年互联网业务的架构经验和临时恶补的银行知识，按照模块化、参数化、开放性的全新思路开始了网商银行的架构设计。大家情绪饱满、干劲十足，一面互帮互助默契配合，一面在业务架构、信息架构、应用架构等不同层面，展开激烈讨论。凭着这股"无知者无畏"的劲头，这套自主可控的云上核心系统日渐有了眉目。

　　当然，形势依旧严峻，对于一号项目，虽说已经动员蚂蚁金服全集团的力量，从各个团队抽调了人员，但人才缺口仍然非常巨大。为了保证项目攻关，蚂蚁金服高层甚至直接"下令"——今年集团入职的"青年近卫军"全部投入核心系统的建设!

　　几十位刚刚毕业、入职不到3个月的新同学就这样被匆匆赶上战场,承担核心系统的关键研发任务,大家只能全力以赴、边学边做。后来,一号项目组在不到2个月时间,接连审阅了6000多份简历,聘用了150人,这才稍稍缓解了研发的压力。

　　不过,加班加点仍旧是家常便饭。资深架构师率领应届生们几乎天天干到凌晨2点,以致项目组不得不强制要求晚上11点以后回家休息。可是,为了保证整体项目的如期推进,核心岗位的同学依然保持着这个作战节奏,个别同学甚至出现了身体不适,乃至流鼻血的症状。此外,周末和节假日加班也成为常态,大家互相开玩笑说,把一年能加班的节日都加了个遍。

　　所以,很长一段时间,网商银行项目组的成员都倾尽全力投入核心系统的研发,以确保真正用大数据、云计算的方式服务广大小微商户,服务平台上的各个金融机构。日后网商银行能够面对业务暴涨的"流量洪峰"而应付自如,也恰恰要归功于这套凝聚了无数网商人心血和汗水的核心系统。

　　2015年6月25日,网商银行应运而生。"那时候大家热情高涨,斗志昂扬,套用一句流行语就是'预见了风暴而激动如大海'。"时任网商银行合规总监的童正⊖犹然记得当初的情景,为了表达创业的信心和热情,6月初的某天,顶着杭州38℃的白日酷暑,俞胜法和包括他在内的7个网商银行创始团队成员还特意跑到热气蒸腾的柏油路上,按照电影《中国合伙人》的风格和走位拍了两个多小时的宣传海报。

⊖ 童正(花名:休璟),蚂蚁服务法务总监。拥有多年的法律实务经验、金融机构合规及内控管理经验。曾就职于上海市政府、交通银行总行,长城新盛信托公司。

网商银行创始团队

超常的热忱以外，是十足的清醒，网商银行的初创者们深知，他们所从事的事业对于中国金融界而言与其说是"挑战者"，不如说更像一名"协作者"，他们要做的是对原有银行体系的有益补充，传统方式的银行是要服务好20%的大型企业，而网商银行要服务的是未来支撑中国经济的80%的小微企业和年轻人。营收和利润从来不是网商银行在意的目标，网商银行的未来有且只有一件事，那就是：继续服务更多的小微商家，并尽力降低给小微商家的贷款利率。至今，你依然可以在网商银行的网页看到醒目的四个大字——"无微不至"。网商银行要做的正如它的品牌主旨所传递的内容"探索互联网普惠金融，服务广袤世界中的每一个小微个体"。

网商银行的开业仪式上，一向习惯脱稿演讲的马云也很罕见地拿着讲稿上了台，他表示，感谢这个充满机会的年代，感谢监管部门的信任。"现在银行的对手，不是另外一家银行，而是我们如何能够建立一个新的金融体系，支持和服务那些大多数没有被服务过的小微企业和个体经营者。重点不在我们之间怎么竞争，而在于我们的竞争如何为客户

2015 年 6 月 25 日，网商银行正式成立

提供无微不至的服务，赢得更多的信任。"

　　网商银行的英文名叫"Mybank"，起初还被调侃模仿（微众银行英文名为Webank），甚至有人戏称"Mybank"是"马云bank"。其实，"Mybank"直译就是"我的银行"，马云希望小微企业都能拥有一种主人翁的感觉，如今打开网商银行的首页就可以看到"为你，我们开了一家银行"的字样。

第二节

有牌照的技术公司

开业前夕，马云曾问过俞胜法，预计五年后网商银行的团队会有多少人？俞胜法说大概500人。马云的第一反应是500人太多了。俞胜法解释，我们会做到1000亿元的规模，马云说我特别不在乎这个。俞胜法接着表示，我们要做1000万小微用户，马云听后眼前一亮，霍然起身："5年1000万用户，500个人的团队不算多，还可以再多些！"

事实上，截至2018年6月底，正值网商银行成立三年之际，网商银行及前身阿里小贷累计为1042万小微企业和个人经营者提供了近1.88万亿元经营性贷款，平均单笔贷款约9700元。其中，"三农"用户超过390万人，并为数量超过70万的全国贫困县用户提供了贷款。

网商银行不仅提前两年完成了开业之初提出的目标，而且远超举世闻名的格莱珉银行。尤努斯创立的格莱珉银行自20世纪70年代创建至今

40年时间，仅服务了800万左右的小微客群，相比之下，服务1000万小微用户这个看似遥不可及的目标，居然被网商银行在短短三年内提前达成，再一次验证了那句广为流传的阿里土话"梦想还是要有的，万一实现了呢？"

云上银行

基础不牢，地动山摇。梦想不是空中楼阁，必须有实实在在的基础做支撑。

网商银行没有物理网点和信贷员，不做现金业务，也不涉足商业银行的线下业务——它是真正意义上的互联网银行，是国内乃至世界上首家完全"去IOE"[⊖]、将核心系统建在云上的银行。

这套由阿里巴巴自主研发的银行核心系统，基于金融云计算和OceanBase数据库，让网商银行拥有了处理"高并发"金融交易、海量大数据和弹性扩容的能力。这也是网商银行副行长唐家才[⊜]最满意的地方，作为有着19年的银行IT系统工作经验的技术权威，他全程参与了网商银行云上核心系统的建设。在他的主导下，网商银行的系统更加独立自主，具备更大可延展空间，不会因为系统外包在关键时刻陷入窘境。

数据的罗列未免流于抽象，关于网商银行核心系统的玄妙，我们可以在此做一个简单的比喻：

如果将银行IT系统购置的大型服务器比作是一头大牛在拉车的话，

⊖ "去IOE"，即告别IBM的服务器、Oracle的数据库、EMC的存储设备。
⊜ 唐家才（花名：韦虎），网商银行副行长。有19年银行信息系统工作经验，主导了网商银行云上核心系统的建设和技术创新。

云计算则是把数量众多的小牛串在一起拉车。大牛力气大，价格也十分昂贵，而且灵活性不足，只要负荷稍微超出，就需要再买入一头大牛。云计算则不然，它串联的是普通PC机，单个成本低廉，如果负载的业务量超出承载能力，根据需要租用几头廉价的"小牛"加上即可。

比较起来，跑在云上的银行系统，不仅可扩展性更强，成本也要低得多。以往，一家银行每年在IT系统的软硬件上要耗费上亿元资金，而且运营成本高昂，国内大银行一个账户一年的维护成本大概在50元上下，小银行则在80~100元之间，而网商银行的这一成本只有约0.5元。再从日常的支付业务来看，其他银行每笔的技术成本在6~7分，而跑在云上的网商银行只需要不到2分钱。

所以，说起互联网银行最大的特质，俞胜法这个"60后"推崇的还

网商银行第一任行长俞胜法

是技术："以往，一般的商业银行会按照网点的人员和处理能力预估一天的业务量，比如一个网点一天5000笔，最多2万笔。网商银行没有网点，跑在云上，交易数量从零到几百万笔都能搞定，整个业务流程就都改变了。"

为了充分发挥技术的红利，网商银行还组建了数据智能部，由傅志斌⊖负责，他曾经在美国Discover银行工作了8年，长期从事于大数据挖掘和金融分析工作。他谈到，数据智能部相当于网商银行的"智能驾驶系统"，几乎能够为所有业务提供最优解。目前已在智能资管、智能营销、智能客服等方面获得广泛应用，尤其是资本闲置率，由原来的20%~30%锐减到3%！

技术带来的梦幻效用，成了网商银行投身普惠金融的实力之基、力量之源、自信之本。一方面大大拓展了小微金融服务的覆盖面，让更多小微企业和"三农"用户可以享受到平等的金融服务。另一方面，科技提高了运营效率，并为风险控制提供了有效手段，显著降低了金融服务的成本，也让小微金融具备了可持续发展的商业模式。

让贷款像自来水一样

见过俞胜法的人通常会被他温和、睿智的风度所感染。在踏入金融业之前，他曾经是浙江金融界的"黄埔军校"——浙江金融职业学院的教师，学院前身是中国人民银行所属的浙江银行学校，培育了浙江乃至中国金融领域的诸多佼佼者。

⊖ 傅志斌（花名：来得），网商银行数据智能部总经理。2015年加入网商银行风险政策团队，负责打造数据化、智能化的大数据技术平台。

在行业内口碑极佳的俞胜法，为网商银行初期招揽人才起到了非常重要的作用，许多金融人才不仅愿意到网商银行来，还快速融入了网商银行的独特氛围，适应互联网银行的新型文化。有人甚至开玩笑说，俞胜法就是汇聚金融人才的"桥头堡"。

如今担任蚂蚁金服集团副总裁、eWTP金融服务工作组组长的他回想起刚到蚂蚁金服工作的情形，却不免哑然失笑。他说，2014年来到蚂蚁金服，他是平生第一次在办公室穿起了牛仔裤。当时，身边同事的平均年龄是29岁，比他小23岁，与马云同龄的他突然成了不折不扣的"大叔"。而且除了他之外，网商银行其他员工都没有自己的独立办公室，全部坐在敞开式的工位上办公。

虽然初来乍到，对互联网公司的自由氛围还不太习惯，但金融业的运作逻辑俞胜法还是了如指掌的。他对网商银行的定位非常清晰，在开业之前就曾表示，网商银行将立足于服务小微企业，不做100万元以上的贷款，而是以互联网的方式，服务"长尾"客户。

小微企业的贡献巨大，然而接近九成的小微企业因为缺少抵押物或担保而无法获得贷款。

以普惠金融为使命的网商银行，自成立之初就锚定了小微企业和个体经营者、农村经营者与农户等客群，尝试利用互联网的技术、数据和渠道创新，探索一种新的运营方式来满足他们的真实需求。

作为网商银行行长，俞胜法比以前忙多了，他不敢超过十分钟不看手机。他说，过去的工作只需要坐在办公室里，来到网商银行之后，他开始了频繁出差。他去过各地的"淘宝村"，不断地走访小微企业，因为那里有网商银行真正的客户，这也让他对他们的需求更加清晰。他说，小微企业用贷款有两个特点，一是看重时效，希望能"即贷即到即用"。以往，银行的贷款审批流程都比较长，曾有小微企业主打趣说："贷款买凉席，等钱到了都能买棉被了。"二是小微企业贷款还看重灵活性，最好是"随借随用随还"，小本买卖锱铢必较，贷款利息能省则省。

在网商银行公关部前负责人祝剑禾⊖的印象中："俞行长专业性非常强，他可以说是当时整个阿里巴巴为数不多的懂金融的行家之一。"但俞胜法却不希望因为这种专业性与用户产生隔膜，为了让更多小微企业了解到网商银行的贷款，他特意嘱咐祝剑禾策划一些新潮的传播活动，拉近与用户之间的距离。2016年10月17日，俞胜法出现在千牛直播，向聚集于此的数百万淘宝、天猫、1688、菜鸟等平台的小微商家作推广。90分钟的直播吸引了49.2万人次观看，其中1.34万余名中小商家在直播过程中支用贷款1.97亿元。

"世界上好像还没有哪个银行的行长，通过直播方式同时和几万客户一起探讨问题，发放贷款，我可能是第一个。"直播首秀收获的热烈响应，让俞胜法也有些喜出望外。他们想要穷尽所有的可能，让遍布每个角落的小微企业了解他们、感知他们。

随着对整体情况更加熟悉和了解，他越来越觉得让贷款服务像自来水一样方便并非不可能，小微企业心心念念的智能化金融服务应该能在网商银行实现。除了有赖于移动互联网时代"永远在线"的特性，通过手机，网商银行就能为用户提供"随时、随地、随心"的金融服务。更重要的是，网商银行根据积累的大数据和建立的风险模型，不仅可以了

⊖ 祝剑禾（花名：祝贺），2015年加入网商银行负责网商银行公关事务，参与网商银行公关品牌"从0到1"的过程，帮助网商银行在业界树立了"服务小微、科技普惠"的品牌形象。此前曾在《京华时报》担任财经新闻部副主任记者。现为新网银行品牌宣传部总经理。

解客户的资金需求，偿还能力，甚至能够预授信。

如今，网商银行的"310模式"已被普遍应用：3分钟在手机上填写信息并提交贷款申请，1秒钟之内贷款发放到账户，整个过程中零人工干预。

与此形成鲜明对比的是传统金融方式线下贷款业务流程：先通过营销人员去物色贷款用户，然后由信贷员上门做入户调查，回来之后准备材料，再开会讨论，由客户经理和风险经理通过翔实的调研证明可行性，期间需要多人审批，最后由分管领导签字同意发放……有数据表明，过去金融机构发放一笔小微贷款的平均人力成本为2000元。

网商银行的"310模式"实现了零人工干预，授信与否都由智能机器和大数据来决定，判断用户的标准毫无功利之心——企业规模大小不是问题，有无信用数据才是关键。流程的改造也在单笔贷款的成本上形成了"降维优势"，网商银行每笔贷款的平均运营成本仅为2块3，其中2块钱为电费和存储硬件费用，这与过去金融机构小微贷款平均2000元的成本有着天壤之别。

这是科技的迷人之处，它催生出了普惠金融的另一种可能：更高效的金融服务，更低的成本。它在不断重塑着银行与小微企业的交互模式。如今回头来看，网商银行初期探索的成果，除了对科技的信仰外，专注服务小微企业的使命，自主研发的核心系统，以及日渐成熟的"310模式"都为网商银行日后的长足发展打下了坚实的根基。这些成就自当归功于创始团队连续数百个日日夜夜的倾力付出。在俞胜法的眼里，这个年轻的团队有着非凡的气质，既有互联网人敢为天下先的闯劲，也不乏金融从业者严谨踏实的理性。正是他们让金融服务真正触达到了那些几乎被遗忘的小微人群，获得信任和帮扶传递，让网商银行在外界眼中成了一家"有温度的银行"。"我们与客户的关系，在信贷关系、合同关系之上，还要增加朋友关系，如此才能真正了解他们的需求，帮助他们分担困难。"俞胜法感慨地说。

风控逻辑

网商银行把客户当作朋友，有了这样的心态，朋友自然越聚越多。到2019年5月，网商银行已经为1600万小微客户提供了逾2万亿元的经营性贷款。

短短三年多时间，服务如此庞大的小微客群，网商银行已然交出了一份亮丽的答卷。更不可思议的是，它的不良贷款率始终控制在1%左右，这一数值甚至远远低于对贷款资质要求极为苛刻的大型商业银行。尤其，网商银行已连续两年为小微企业下调贷款利息，2018年，在上一年贷款利率下降1个百分点的基础上，再次下调了1.2个百分点。息差收窄，让利于人，还做到了利润和净资产收益率的双双增长。

一切的一切，均发生在缺少抵押、担保，银行业轻易不敢触碰的小额贷款"雷区"。正所谓没有金刚钻别揽瓷器活，网商银行独具特色的"大数据风控系统"则是这份成绩单背后的最重要因素。据时任网商银行CRO的余泉⊖介绍，网商银行在小微金融的数据化风控上有着10万多项风险指标，3000多种风险策略和100多个模型。线下码商的贷款业务亦可圈可点，模型已经超过20个，风险策略超过500种。

⊖ 余泉（花名：静敏），蚂蚁金服集团数字金融事业群风险管理部总经理。担任网商银行CRO期间，领导风险管理部，打造了更严谨的风控体系，推动了大数据和AI在风控中的创新应用，有效助力小微企业金融业务。此前，曾任美国第一资本银行的资深总监。

其中，"滴灌模型"和"水文模型"为业内熟知。

滴灌技术⊖首推以色列，以色列属于热带沙漠气候，降水极少，当初农业极不发达。滴灌等先进农业技术推广以后，这个面积狭小的沙漠国家供应了欧洲40%的进口果蔬，获得了"欧洲果篮子"的美誉。举个例子，以色列原本不产橘子，后来发明了滴灌技术，只在橘子树最需要水的时候，用滴灌保持水分，就这样橘子树成活了并被大规模种植。

《创业的国度》这本详细描写以色列的图书曾是网商银行创业团队的案头书，风控上的"滴灌模型"或许也由此而来。事实上，网商银行的数据维度很多，在10万多项风险指标中，很可能只有两到三个指标真正作用于某个客户的风险管理。经过不断测试，反复分析风险指标与客户信用的相关性，网商银行找到了最关键的几个风险点作为信用评估依据，这像是给橘子树滴灌一样，精准实现了小微企业的信贷风险管控。

"滴灌模型"主要用于刚刚起步或者经营规模小、固定资产少的小微企业，它们很难达到一般商业银行的放贷标准。而网商银行通过"滴灌模型"，实时收集小微企业的经营、财务和资产信息，监测小微企业的信用风险水平，并通过企业经营的历史数据判断它未来的发展趋势和风险发生的概率，倘若结论是确有发展空间且风险可控，就可以对其发放贷款。

"水文模型"则是参考了城市水文管理系统。假如我们把小微企业的经营状况比作一条河流，虽然我们无法从河道水位的某个数值评估未来水位的高低走势，难以据此决定是否应当采取防汛或抗旱措施。不

⊖ 滴灌技术是通过干管、支管和毛管上的滴头，在低压下向土壤经常缓慢地滴水；是直接向土壤供应已过滤的水分、肥料或其他化学剂等的一种灌溉系统。它没有喷水或沟渠流水，只让水慢慢滴出，并在重力和毛细管的作用下进入土壤。滴入作物根部附近的水，使作物主要根区的土壤经常保持最优含水状况。滴灌技术最大的优势在于精准输出，根据作物的需求供给水源。

过，如果把这个数值对比历史数据及周边河道数据，置于这两个参照系中，就可以做出较为准确的判断。

所以"水文模型"通常能够很好地预测小微企业的后续经营状况，从而提升授信的及时性和有效性。风控总监林嘉南⊖希望风控模型能更加人性化，真正为客户服务。他说，以前金融机构习惯通过财务分析和人工审核的方式放贷，如果一家企业当下的经营状况堪忧，即处于"低水位"，贷款基本就没希望了。但网商银行可以结合其历史经营情况和行业景气程度进行大数据分析，如果发现未来存在"水位回升"的势头，那么这家企业依然有较大可能获得贷款。

"水文模型"的应用，等于消除了对小微企业的某种"误会"，充分顾及了小微企业阶段性、季节性、行业性的经营变动，相比传统贷款审查只关注历史数据的审核标准，它更具有前瞻性，将对小微企业的关注衍生到了对它所处行业的深刻理解，和对它发展前景的审慎预估上。比如根据历史经营数据，得出某个时间点是销售旺季，对于相关企业的授信额度就会相应增加。再比如A企业"双11"的销售额高达100万元，看着业绩不错，但当把A企业放到"水文模型"中，参考其历史经营数据及同类企业"双11"数据，也许会发现这个100万元营业额是不升反降的，这样就避免了给出过高的授信额度。

"滴灌模型"在助力创业期的小微企业成长，"水文模型"则为企业提供了最恰到好处的信贷服务，在网商银行，像这样的模型还有上百个。而正是在它们的支撑下，信贷风险得到控制，同时也极大地扩展了

⊖ 林嘉南，网商银行风控总监。10年金融行业大数据经验，自2013年起加入网商银行的前身阿里金融，主导建立了小微企业的全链路数据化风险管理框架与体系，带领团队实现了小微企业信贷业务"310"模式的全覆盖。

目标客群的数量，成就了服务上千万小微商家的最初梦想。

余泉有过一段精辟的总结："大数据信用风险管理，就是利用在线的数据和云存储，智能模型和策略，在经营者需要的时候，自动地给他们合适的信贷产品、适配的额度和利率。经营者不用去操心钱的事情，专心经营就好。"

网商银行凭借大数据风控能力，为阿里生态内数百万的"淘系"商家提供了信贷服务。天猫、淘宝等平台拥有丰富的交易数据和交易场景，服务这些"强数据、强场景"的客户并未难倒网商银行，针对网商群体的自动化、数据化、批量化的授信模式迅速形成。

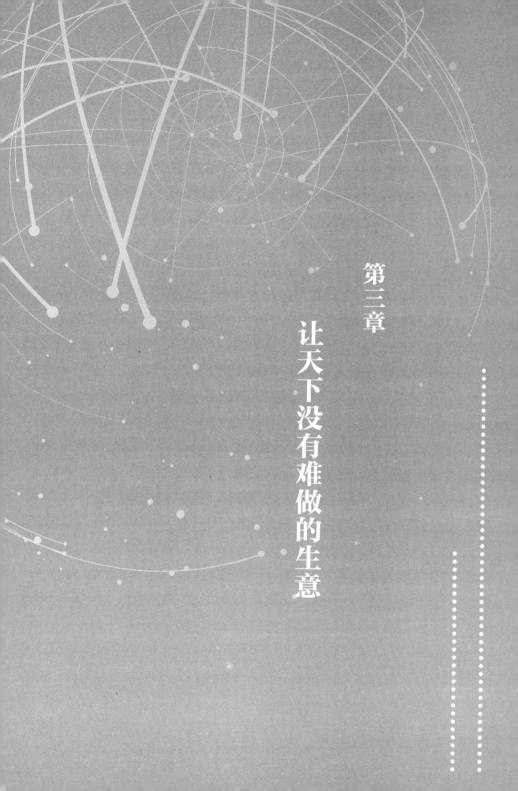

第三章

让天下没有难做的生意

如果你没有在为客户着想，你就是没有在思考。

——**特德·列维特**

第一节

信用创造财富

"我从没觉得要推翻金融行业，我觉得中国金融行业的存在到今天为止仍有特定需求，做了很大贡献。但是对未来的金融，我觉得我们这一代人必须思考得更多，不是我们有更大的利益诉求，而是必须担起这个责任。无数的网商、无数中小企业需要钱而拿不到钱，今天我们拥有这样的技术、人才，拥有解决方案，而这个方案又是贯彻了透明、开放、责任、分享的原则的，我就坚持下去。"

2013年，马云在深圳"IT领袖峰会"上说的这段话，如今看来，恰好诠释了网商银行为阿里生态内部的网商群体，以及散布于全中国的小微企业服务的初衷。

网商银行，顾名思义网商客群是基础，也是重头戏。它孕育于阿里生态，传承自阿里小贷，从创立之日起，就与网商所代表的小微经营者密不可分。

天猫、淘宝为商家提供了电子商务平台，现在网商银行的出现，又能为小微商家量身打造互联网时代的"新金融"服务。这些网商既参与了网商银行的"新金融"试验，也是这种新型金融服务的首批受益者。

首批受益者

金融的发展与商业场景的变迁紧密相连。2004年，为了解决淘宝用户网上交易的担保需求，支付宝诞生了。当时，中国网购市场总量大概只有10亿元，到2017年增长到6.3万亿元，13年间增长了6000多倍。然而，网商群体的发展有多么迅猛，它们的融资需求就有多么迫切。毕竟具体到每个网商，他们大多是小微经营者，当高速发展需要有更充沛的流动资金来驱动时，小微商家的融资难问题就浮出了水面。

小微商家的融资难、融资贵，不仅仅是因为"小额高频"，无抵押、无信用记录，无财务报表才是影响他们获得贷款的核心症结。这就需要网商银行另辟蹊径，实现为更广泛的小微人群资金助力的同时，又要控制好风险实现可持续性。

网商银行既拥有阿里生态多年积累形成的丰富用户画像，也继承了阿里小贷为网商群体量身打造的各类金融服务。可以说阿里生态就是它的"根据地"，因而在2015年，网商银行成立初期，其服务的主体客群主要来自阿里巴巴、天猫、淘宝等平台上的商家。

由于这些商家业务经营的全过程均在阿里生态平台上进行，其经营状况、信用记录历史十分详尽，小微商家仅仅凭借银行流水痕迹、交易行为数据即可获得贷款支持，贷款从审核到放款、还款等一气呵成，十分流畅。目前，网商银行的无抵押贷款服务几乎能覆盖所有阿里生态交易场景，比如基于商家综合经营情况的信用贷款，基于订单交易的订单贷款，天猫创业扶持贷款，针对"双11"交易洪峰的"大促贷"，等等。

来自四川康定的淘宝店主张大姐，5年间从网商银行贷款3794笔，平均每天都要进行2笔贷款。张大姐原来在四川当地开线下的土特产实体店，卖大家熟悉的康定牛肉干。2011年，开始在线上开起了淘宝店，线上线下一起经营。随着淘宝店的生意越来越好，交易额从一年10多万元一下子提高到了50多万元，但备货的资金压力大了起来。她在使用订单贷款后，每天的货款都能当天回笼，压力小了很多。

因为张大姐贷款的笔数比较多，网商银行发现后还特别让客服联系她，提醒她这是贷款，会产生利息。张大姐说她知道有利息，但利息是按天计算，只用几天的话，才几块钱，而且因为有订单的保障，她有信心每一笔贷款都能还上，心里很踏实。从2012年5月开始，最少3元钱，最多56000元，张大姐没有一笔逾期！

此外，杭州的"95后"创业者"青橙"，她的淘宝店年交易额刚刚突破了1000万元。"刚开始创业的时候，我每天的交易额才200多块，也就赚十几块。"青橙回忆起刚开始创业的前6个月，虽然交易额一直没有提升，但她还是一直坚持着，就在她想要放弃的时候，发现自己每天点点滴滴积累下来的100多笔交易成了宝贝。凭借这些良好的交易记录，在"双11"大促期间，青橙获得了网商银行3万元的贷款。靠着这笔钱，青橙采购了冬款服装并开始尝试用淘宝直播的推广形式，年底时资金周转终于进入良性循环。

在央行的统计数据中，2012年只有8%的小微企业通过银行获得了贷款，大多因为缺少抵押物或担保而无法获得贷款。而在网商银行服务的用户中，来自三四五线城市的小微企业贷款金额占58%，30岁以下的年轻小微经营者占51%，一年贷款超过50次的小微企业超过60%，户均贷款周期只有7天。

中国有着数以亿计勤劳的小微商家，他们靠着勤勤恳恳的努力，踏踏实实地经营、过日子，并通过每一笔交易累积着信用。网商银行将目光锁定在这群人的身上，就算是几千块钱，就算只借几天，也竭尽所能地满足他们的需求。

鼠标到底多少钱一个

"想小微之所想，急小微之所急"，网商银行致力于成为数百万网商群体的CFO。针对电商平台，除了已经比较成熟的订单贷和信用贷，商家对于存货贷款也有强烈需求，这对于网商银行却是个不小的难题。

存货质押贷款是商业银行普遍经营的业务㊀，它们基本以大宗商品作为质押物，诸如钢材、铁矿石、原油、煤炭等，大宗商品价格相对稳定，容易估值，市场信息也比较公开透明，即便价格有所波动，风险也比较容易控制。而网商银行的存货贷款针对的是天猫、淘宝上的卖家，数百万卖家经营的海量消费品，涵盖了食品、化妆品、服饰、数码产品等，林林总总，不可胜记，如何给消费品做估值成了首要问题。

㊀ 存货质押贷款，是指借款人以存货作为质物向信贷人借款，为实现对质物的转移占有，信贷人委托物流企业或资产管理公司等作为第三方企业，代为监管和存储作为质物的存货。由于金融机构不得从事除金融服务以外的其他领域的经营活动，要实现对动产的占有必须借助除借款人之外的第三方（仓储公司）提供担保物仓储服务。由仓储公司出具以金融机构为寄存人的进仓单，并交付给金融机构，此时金融机构并不直接占有担保物，而是通过仓储公司间接对货物进行管领、占有。

　　天猫、淘宝并不是自营平台，商品不会显示进货价格，只有一个平台的成交价。而且，交易无时无刻不在进行，这个过程中，还有各种促销活动，不乏搭售的商品，比如买电脑送鼠标，那问题来了，这个鼠标到底价值多少呢？

　　网商银行副行长冯亮⊖认为，仅凭人力完全解决不了此类问题，最后还是要依靠AI的能力。网商银行用成交算法获取平台上所有商品的价格后，再做加权平均，从而得出某个具体商品的合理估值，确定放贷的额度。

　　解决了消费品的估值问题只是第一步，电子商务的即时交易属性也让网商银行的存货贷款面临考验。在传统的存货融资中，存货作为抵押品只有在还清贷款后才能出仓，但这样的流程显然不适合电子商务。在电商平台上如果卖家必须还清贷款才允许发货，到那个时候也许早就错过了销售的黄金期，黄花菜都凉了，但如果让卖家按时发了货，所谓"存货贷款"的"存货"也就不存在了。

　　看起来，存货贷款好像陷入了一个悖论，很容易把人绕进死胡同。不过这并没有难倒有着20多年金融和互联网行业阅历的冯亮，网商银行的产品团队在他的带领下找到了解决方案：

　　　"我们做了一件事，把存货的估值和应收账款打通，存货卖了以后，它会变成一笔应收账款，我们瞬间就能把应收账款这笔金额，加到客户总的收益额度里面来。所以这个货可以继续发出去，不影响商家整个经营的流程。"这样细微的创新点，让整个流程和客户体验都得到了大幅的提升。

⊖　冯亮（花名：钱丰），网商银行副行长。有近20年的金融、互联网从业经验，带领团队搭建了小微融资、供应链金融、现金管理、账户与支付等完整的普惠金融产品体系。

此外，在传统商业银行的存货贷款中，金融机构既没有能力也不可能对担保物进行实际监管、控制，而是由仓储公司，根据借款人与金融机构签订的存货质押贷款合同以及三方签订的存货监管合同约定，对寄存在仓储中心的担保物提供仓储、监管服务。而这一点，网商银行的优势可谓得天独厚。基于菜鸟物流的数据体系，网商银行实际上已经形成了对货品仓储物流的数字化管理，货品在哪个仓，进出情况怎样都能实时获悉，比之传统金融方式的存货贷款管控能力更进了一步。

千算万算还要有"最糟糕的打算"。一旦买家爽约，货品不要了，而卖家手里还拿着贷款，因流动性问题而无法按时偿还，网商银行岂不是成了冤大头？于是，网商银行也与淘宝拍卖建立了合作，演练过如何拍卖货品。所幸，至今为止这种情况还没有发生过。

第二节

突破场景限制

阿里电商生态是网商银行最重要的服务场景，大量的交易记录和支付画像都沉淀在阿里巴巴的平台上，是典型的"强数据、强场景"客群，服务于他们，网商银行游刃有余。

能力越强，责任越大，星辰大海更在天猫、淘宝之外。为了拓展服务半径，扩大服务规模，从场景内走到场景外已是必由之路。惟其如此，网商银行锻造出的风控能力，才能真正迎来蜕变。

问题在于如何触达广大的线下商家？这就要谈到阿里巴巴的B2B业务及其背后名动江湖的"阿里铁军"。马云曾说，B2B业务为整个阿里巴巴的电子商务打下了基础，成就了今天的阿里巴巴集团。金融服务向线下拓展，如能借助B2B业务既有的丰富渠道资源，无疑有望事半功倍。不过，现在看来这句话只说对了一半。

在小微金融服务的探索路途上困难和挑战从未间断，破解类似存货贷款这样的难题只能算越过一个小弯道，接下来，一场意外的"泥石流"已悄然逼近。

停业整顿三个月

"阿里铁军"就是阿里巴巴的中国供应商业务团队，也称"中供铁军"。他们主要为线下商家搭建贸易网络站点，俗称"中国供应商会员"，其以强大的地推能力闻名业界，所以阿里金融团队与之一拍即合。"中供铁军"在为商家办理国内、国际贸易相关业务，促进商家在线化的同时，还能为它们提供便捷的金融服务。此举不仅有利于"中供"自身业务的发展，也让阿里金融服务从2013年起迎来了第二轮增长浪潮。

这次的浪潮一直延续到2015年网商银行成立。时年，网商银行喊出了服务客户数破100万的年度目标，虽然今天网商银行服务的客群数已逾千万，100万客户看似不过尔尔，但是在当时，中国没有一家银行服务的小微企业数超过100万。因此，网商银行的豪气既让人振奋也让外界疑虑重重。

而正如中国工商银行前行长杨凯生曾说的，银行文化更多的是讲稳健，讲究风险控制，而互联网的从业人员更多讲创新和开拓。正是这样一种精神，让初创期的他们豪情万丈，对未来无限憧憬。每个人都斗志满怀，雄心勃勃。面对这个试图刷新历史的指标，大家并没有过多犹豫，分派好任务，就各自分头行动了。

B2B领域的信贷业务也不例外，顶着服务20万客户的指标，网商银行加大了客户群授信准入开放的步子，将千万级的B2B免费会员纳入授信范畴。而中供销售团队加足马力，短期内为大量商家开通了信贷服务。但是，欲速则不达，试图一蹴而就，难免泥沙俱下，鱼龙混杂。与全程交易都在天猫、淘宝平台的线上模式不同，阿里B2B领域的商家交易线上化程度低，大多活跃在线下。"中供"当时的业务主要是提供中国供应商会员产品，外贸商家入驻以后可以利用平台流量寻找商机，阿里提供的主要是交易撮合服务，八成以上的交易都是在线下转账进行。"私海"（中供免费会员，销售人员个人盘点的潜在付费会员营销库）客户的开放，在带来信贷规模快速增长同时，风险也急速抬升，从而引发了"私海"风险事件。

在交易数据不充分的场景中，如何为这些商家提供信贷服务，将是一个新的难题。时任B2B金融事业部总监的易洪涛⊖对此深有体会：

"弱数据、弱场景部分，简直是'裸奔'。反欺诈不知道按照什么方式去做，这类客户的支付宝交易很少。"

在这种前提下，一味追求业绩指标和大规模扩张的结果，马上反映在了风险指数上，从2015年中开始直到2016年3月，B2B领域的信贷不良率一路飙升至3.78%！网商银行也出现了开业以来的第一次亏损。

"停业整顿！"领导层的决定对易洪涛团队有如当头棒喝。

那几乎是B2B金融业务史上的"至暗时刻"，随之而来的是私海客户授信关停、13家外部渠道商合作业务关停、内审与合规部门进场调查……

⊖ 易洪涛（花名：棠云），网商银行阿里生态金融部总经理。2015年9月加入网商银行，先后曾负责B2B金融部和阿里生态金融部，在小微及零售业务转型、互联网小微金融、财富管理、交易融资及新零售综合金融服务方面有丰富的经验。此前，曾任民生银行小微金融规划、产品中心总经理。

屋漏偏逢连夜雨。业务被暂停，也惹恼了原来已经开户的商家们。坚守"客户第一"的"中供"销售团队遭遇许多客户投诉，他们对网商贷的新授信政策很不理解，纷纷打电话质询，客户昨天有的额度怎么今天突然就没了？你们说关就关了，让我们怎么跟客户交代？不久，就有中供一线销售人员，直接把投诉邮件发到了时任蚂蚁金服董事长彭蕾的邮箱里。

得知告状告到了董事长那里，刚加入网商银行不足三个月的易洪涛倍感压力。尽管形势严峻，但考虑到客户的激烈反弹，以及2016年团队背负的20万客户数目标，他还是怀揣一线希望，硬着头皮去申请营销活动，准备重新启动相关业务。不想，财务总监将这一请求直接驳回，并明确表示，在业务风险梳理完毕之前，预算免谈。

一顿闭门羹之后，易洪涛很是沮丧，脑中一团乱麻，彷徨无措。在招商银行、民生银行工作的十年，从支行、分行到总行的管理工作中，他一直保持条理有序的状态，可现在面对看起来高大上、实则大多处于草创期的"互联网金融"，却产生了深深的无力感。就在他情绪即将跌入谷底之时，一件小事给了他很大触动。

那是一个周六的晚上，团队里的一个女同事给他发信息："你有时间吗？想请你喝个咖啡。"

他记得那时内心还挺疑惑，什么情况？这么晚了，约我喝咖啡？

虽然有点忐忑，易洪涛还是按时赴约了。地点是在一处刚刚修葺一新的上岛咖啡馆，易洪涛走进咖啡馆，推开包间门，结果团队四个负责运营的同事都在！

"四双眼睛直溜溜地盯着我，一开口就是：'我们怎么办？'"易洪涛说，"那一刻，你会感觉到大家都已经快撑不下去了，从业十多年从来没有过那么强烈的感觉。大家对业务发展,对未来的方向充满困惑,不清楚到底应该怎么做。"

面对此情此景,易洪涛的心里五味杂陈,他感到是时候做出改变了。稍稍平复了下自己的情绪,他对部门小伙伴承诺,"客户数的KPI大家不用担心,我来背。接下来的三个月,我们All in一件事:客户回访,必须搞清楚客户到底为什么'坏'了。"

跨越"私海"

网商银行没有线下网点,B2B金融业务又多依赖渠道商,以致很多员工事实上是和客户离得比较远的,即便不断地开拓客群、发放贷款,但很可能根本不知道最后服务的客户是谁。这种例子很多,比如后台显示是国际商家部的一位客户,经过实地走访调查,才发现居然是街边的一个包子铺,因为它也属于"私海"名单,便蒙混过关了。

于是,易洪涛带着团队一门心思做起了深度客户调查。"那三个月,我们就是不断地去跑客户,去看我们贷款的客户背后到底长什么样,流程是怎么样的,为什么会出风险。后来我发现,那三个月对我们的启发是非常大的。真正回过头来想,我们B2B金融业务要服务的是中国所有的外贸企业,想更精准地识别它们,除了'中供'所覆盖和了解的部分之外,还需要有外部数据支持。"

当时"中国供应商"的付费会员超过10万家,而按海关数据统计的中国从事外贸的出口企业总数多达26万家。仅服务好中国的外贸型企业,就有巨量的业务空间。而阿里巴巴从创业伊始,通过一批又一批铁军汗水辛劳的积累,大部分外贸企业都已经和阿里巴巴平台有了联系,只是其中的一半淹没在海量的"私海"标签里面。易洪涛当时想，手头服务的企业多从事外贸，海关对他们的情况很清楚，如果能与海关数据进行对接，并将其应用到风险策略中，一定能突破现状。

对接了海关的数据，掌握了外贸企业的交易信息，易洪涛从数月以来的惨淡阴云中终于看到了一丝曙光。风控数据完善后的效用立竿见影，在行里的产品评审会上，易洪涛结合新的数据化授信模式，说服了井贤栋。

如果说计算能力代表了互联网时代的生产力，数据就是互联网金融的生产资料，它到底有多重要？"同样是私海的这批客户，有进出口贸易数据覆盖的，风险2%都不到，而没有贸易信用数据覆盖的，风险高达8%。所以我说问题不是那批客户坏了，而是因为我们对那批客户还是缺乏数据化的了解。"易洪涛如是说。

事实上，正是在B2B私海客户的融资遭遇重创后，以小微企业的会员、账户、工商数据全面打通为基础，强化反欺诈和全流程风控环节控制，再通过企业外部工商、贸易、税务数据的综合应用，推动了网商银行在"弱场景数据化风控"的历史性突破。

第三节

转折点：共创会

　　有惊无险，新生的网商银行总算解决了B2B金融爆发的风险问题。然而，创业总是刚跨过一道坎，前方又冒出几座大山，而且座座山势高峻，望之森然。

　　2016年蚂蚁金服的发展势如破竹，锐不可当，正因为如此，更需要未雨绸缪，防范好风险。由于俞胜法的专业金融背景，加之在网商银行积累了丰富的风险防控和危机处理经验，他成为蚂蚁金服集团CRO（首席风险官）的不二人选，于是由时任蚂蚁金服副总裁的黄浩[⊖]转任了网商银行第二任行长。

⊖ 黄浩（花名：众城），蚂蚁金服数字金融事业群总裁。2015年12月加入蚂蚁金服，2015年12月至2016年12月担任蚂蚁金服副总裁、财富事业群总经理。2016年12月，担任浙江网商银行股份有限公司行长、执行董事。曾任中国建设银行计划财务部副总经理，中德住房储蓄银行行长，建信基金管理有限责任公司监事会主席，中国建设银行电子银行部总经理、网络金融部总经理。

初心

无论势如破竹，还是百转干回，
我们初心不改。

网商银行第二任行长黄浩

2016年12月，黄浩到任的第一天就在和团队成员的交流中发现，对于网商银行未来往哪里走的问题，出现了两个声音。有人认为既然银行的监管严格，线上开户又打破不了二类户的限制⊖，银行牌照也无济于事，不如退回去得了，服务小微企业的事情还是让小贷公司来干。也有人觉得网商银行的能力边界已经很明显了，能服务的也就是阿里生态内天猫、淘宝上的商家，业务不久便会触及天花板。

此时的黄浩刚过不惑之年，这个35岁就担任建行网络金融部总经理，拥有近20年银行从业经验的年轻"金融少帅"不信邪。在蚂蚁金服工作期间，他已察觉到小微商家蕴藏的能量，如能因势利导，网商银

⊖ 网商银行没有线下物理网点，但网络远程开一类户尚不允许，因此分布在全国的客户办理一类账户并不方便。目前网商银行的二类户，向非绑定账户转账，日限额为1万元，年限额为20万元。这样的情况下，小微企业使用的意愿自然不高。

行完全可以实现更大的跨越。因此接棒行长之时，他形容自己是"鱼归大海"，相信短暂的狂风暴雨以后，碧海蓝天终将云图舒展、一派澄明。

一开始行里的人也不见新行长有什么动静，只不过偶尔半夜12点会在电梯口遇见加班回家的黄浩，原来他默默地花了一个多月的时间，筹划着网商银行的未来战略。

2017年1月18日上午9点，杭州玉泉路11号景上书院晓霜微寒，平日苍松掩映中的幽静居所，今天迎来了一群特殊的来客。他们从早上9点半一直到晚上8点一连10多个小时闭门不出，只有热烈的讨论未曾中断。

那天，黄浩召集了网商银行所有的核心部门负责人，并特意邀请了蚂蚁金服高管程立㊀、倪行军㊁等人，专门召开了一次承前启后的"小微CFO业务共创会"。程立是蚂蚁金服CTO，其人严谨务实、逻辑缜密，被支付宝员工誉为"神一样的存在"。倪行军也是技术权威，有"支付宝传奇架构师"的美誉，时任支付宝事业群班委、副班长。这两位阿里合伙人㊂的加入，让此次共创会更显得意义非凡。

会前，黄浩突发奇想，让大家先做做瑜伽，清空大脑，保持一个轻松的状态，然后再分组讨论。大家通盘回顾了网商银行创立一年多的

㊀ 程立（花名：鲁肃），蚂蚁金服集团首席技术官、国际事业群首席运营官。2005年加入支付宝，是支付宝技术平台的奠基人之一，主持了支付宝各代技术架构的规划与基础平台的建设。在支付宝与蚂蚁金服期间，历任程序员、架构师、首席架构师，首席技术官，主持了支付宝各代技术架构的规划与基础平台的建设，设计并实施了支付宝的一系列关键业务系统。

㊁ 倪行军（花名：苗人凤），蚂蚁金服集团支付宝事业群总裁。2003年加入阿里巴巴，是支付宝的创始团队核心成员，也是支付宝早期版本研发者，历任程序员、产品架构师、行业产品技术负责人、支付宝执行副班长，参与了支付宝各代技术架构的规划、快捷支付、支付宝钱包、线下支付等几次重大业务战略的实施与落地。

㊂ 阿里合伙人制度，不同于传统的合伙企业法中的合伙制，也不等同于双重股权架构。在合伙人制度中，由合伙人提名董事会的大多数董事人选，而非根据股份的多少分配董事席位。

风风雨雨,借助科技手段网商银行已为数百万小微企业提供了信贷服务,还推出了"余利宝"现金管理工具、"网商有数"数据分析工具等产品,这些成绩有目共睹,也验证了网商银行致力于成为小微企业"CFO"这个方向的客户价值。但是,人无远虑必有近忧,如果后续小微金融业务遇到瓶颈,原因会是什么?如何更好地提升客户体验,保证内部协同,解决技术和风控问题?未来的发展路径又在哪里?

大家围坐一团献计献策、畅所欲言,甚至尝试了角色扮演——如果你是逍遥子(阿里巴巴集团CEO张勇)、乔布斯(苹果公司创始人)、贝佐斯(亚马逊创始人)、特拉维斯(优步创始人),你会怎么做小微金融业务?

当时易洪涛和程立分在了一个组,他印象很深刻,关于小微金融的发展逻辑,程立画了三个环。程立向大家解释说,最核心的内环是阿里生态内的线上业务;第二环就是线下渠道;第三环是能力延展,产品多元化之后的外部生态。"三环"构想一经抛出,即刻引发热议:每个圆环的划分有什么依据,圆环内部的构成要素权重几何,三环之间又体现了怎样的业务逻辑?

这样的讨论及时且必要,虽然网商银行已经在服务"淘系"客群上展现出不凡的能力,但它的定位从开始就不仅仅是服务阿里巴巴生态,而是要服务数以亿计的小微商家。黄浩跟大家说道,"小微商家很近又很远,近是因为他们无处不在每天都能遇见,远是还没找到很合适的办法将金融服务直接触达他们。要完成这个任务,必须冲出阿里生态,服务广大线下商家,实现网商银行的初衷,并以此证明网商银行的服务能力。"

可是为线下商家提供金融服务,从银行的角度看没有抵押物,没有财务报表，无法控制风险。即便从蚂蚁金服和网商银行的视角来看，也没有足够的数据，想要服务他们看似也无从下手。

面对大家的集体困惑，黄浩则显得成竹在胸。他说，过去二十年的互联网浪潮，覆盖了绝大多数的C端用户和大中型企业，广大小微企业几乎被置于遗忘之境。问题出在哪里？"因为他们不在线啊，不在线，无金融，我想未来的五到十年，过去在C端发生过的波澜壮阔的故事，一定会在B端商家，在小微金融领域轰轰烈烈地发生！"黄浩所讲的与即将到来的商业互联网化大势不谋而合，但在当时的语境下未免还是超前了些。会场一度略显沉闷，黄浩提醒，哥伦布之所以能够发现新大陆，因为他坚信地球是圆的！

"内心的信念一下子被激发了，这和阿里巴巴那句知名的土话'因为相信，所以看见'的意思本质是一样的啊。"据负责线下商家服务的戴烨⊖回忆，当时凝重的现场被这句话重新点燃。

于是，问题自然而然就落在了如何帮助小微企业实现数字化改造上，黄浩随即提出了"三张网"的总体战略：

第一张商业网。阿里巴巴的新零售正在从线上走到线下，从KA（Key Account，核心客户）走到上下游的供应链，从点状的服务走向全供应链。这是一场用3万亿元GMV（Gross Merchandise Volume，成交总额）去驱动、去支撑30万亿元的变革，就像十几年前的淘宝、天猫成就了支付宝，支付宝成就了天猫、淘宝一样，今天的新零售、新金融一定会相互成就。

第二张收单网。未来两年，不仅是一二线城市，中国所有城市一定

⊖ 戴烨（花名：戴戴），网商银行线下商家服务业务的主要负责人。2006年加入阿里巴巴，参与早期支付宝商户事业部组建。蚂蚁金服成立后，负责组建蚂蚁生态线下金融团队。

会实现二维码的全覆盖，支付宝正在不断下沉和渗透，收单让原来够不着的小微企业实现了在线化，从而将之纳入金融所能触及的范围。

第三张企业社交网。钉钉是典型的代表。钉钉在企业社交和企业效能上大踏步地前进，当时它已经有300万企业的覆盖量。三五年之后，中国的数千万小微企业一定存在于商业网、收单网和社交网中的某一张网中，甚至在多张网中，这是时代赋予的变迁，这些小微企业一定会享受到这份迟到的互联网红利。

"黄浩把'三张网'总结为'聚力新零售，重塑新金融；并肩移动支付，收单全面覆盖；助力企业社交，共创小微生态'，这个提法的逻辑和方向都很明确，让原本焦虑和迷茫的我们，有了拨云见日的感觉。"时任CIO的唐家才回忆说。

接下来目标瞬间明朗了，未来小微金融的核心任务就是"结网"，结商业网、收单网和社交网，助力线下小微企业的互联网化，让他们真真正正地享受到互联网金融的全方位服务。"目前的重中之重是前两张网，我们要用线下收单来结收单网，用新零售结商业网！"黄浩的讲演感染了网商银行高管团队，也为后续的发展明确了方向。

此后，网商银行开始从线上走向线下，开始服务亿级的"码商"群体，通过与其他商业平台的合作，在供应链金融和新零售金融领域高歌猛进，并随着阿里巴巴和蚂蚁金服不断下沉的步伐，大力拓荒农村金融，将普惠金融带到全国数百个县域。

第四章

『码』到成功

只有这样的人才配生活和自由，假如他每天为之奋斗。

——歌德

第一节

坚冰在融化

2017年4月5日，清明刚过，杭州的空气里还透着些许凉意，浙江大学玉泉校区永谦剧场内却座无虚席，气氛热烈。下午1点，蚂蚁金服微贷事业部的全员大会准时召开，黄浩一路小跑来到台前，正式向全员宣布了充分研究后的"三张网"战略。他说，网商银行始终在探索中前行，在敬畏中创新，但成绩属于过去，想要再有跨越式发展，就必须突破原来的场景和数据限制，从线上延伸到线下，为线下小微经营者提供无差别的金融服务，奔赴更壮阔的蓝海市场。

其实七八年前的阿里小贷，就曾考虑过拓展线下市场，但那个时候，数字化还没有形成趋势。如今，商家还是那些商家，但时机已经成熟，在"三张网"的战略下，网商银行另辟蹊径，蓄势待发。

网商银行现任行长金晓龙

就在此次大会上，加盟网商银行不足一个月的副行长金晓龙⊖也正式亮相。金晓龙结合"三张网"战略，宣布了落地执行的打法，也明确了新零售金融、农村金融以及商业互联网的未来布局方向。他将协助黄浩共同为网商银行打造第二级、第三级火箭，推动业务持续发展到新高度。

二维码上的"新商帮"

篮球明星科比·布莱恩特的一句"你知道洛杉矶凌晨四点钟是什么

⊖ 金晓龙（花名：老金），网商银行行长。2017年3月加入网商银行担任副行长，2019年4月升任网商银行行长。此前，曾任平安银行公司网络金融事业部总裁兼小企业金融事业部总裁、公司产品与现金管理部总经理，深圳发展银行公司产品管理部总经理等职。

样子吗？"这句话曾经感动了无数人。而这样的故事在杭州下沙九乔农副产品交易市场同样日复一日地上演着，凌晨两三点钟，抬头可见满天星光，市场里早已挤满了熙熙攘攘的人群，"支付宝到账××元"的声音此起彼伏，几十个蓝牙音箱精神抖擞，一丝不苟地播报每一笔交易，这与夜半三更的万籁俱寂形成强烈的反差，它令人清醒，也让人觉得斗志昂扬。

这其中，那个尤为显眼的广场舞专用音箱属于杨帆。来自四川的她，到杭州远郊做果蔬批发已有些年头了。和很多小商家不一样，她的工作通常从前一天晚上就已经开始。

每天下午五点半，她总会骑着一辆三轮车远赴10公里之外的村子采购菜品：沿着浙江省乔司监狱的围墙，穿过新近修建的高架桥，途经暗夜里寂静无声的地铁工地，然后绕进乡间羊肠小道从农户手里取货，再原路返回，准备凌晨的交易。

忙碌又紧张的生活周而复始，哪怕凌晨5点对着电子秤打盹，熬到中午才有机会在床上躺躺，杨帆依旧对未来兴致勃勃，满怀期待。她一直算着，等赚足了钱，就集中清理一次购物车，把三轮换成小汽车，再回老家帮父母翻修下老房子……

2018年这个不算太遥远的梦想突然中断。在年初，杨帆对市场行情的一次误判，导致了她被动囤货滞销，损失惨重，光信用卡就已经透支了好几万元，每天进货还需要不少钱，再加上要交一年4万多元的摊位租金，杨帆实在有些手足无措。正当她愁眉不展之时，网商银行的"多收多贷"⊖给

⊖ "多收多贷"是为支付宝的口碑和收钱码商户提供的一项经营性贷款业务。顾名思义，就是收的钱越多，可以贷到的款越多。不论商户从事什么行业，只要使用支付宝收钱码收款，就可以通过支付宝贷到网商银行的资金支持和帮助。支付宝扫码收到钱增加，贷款额度也会随之提高。贷款操作按日计息，随借随还，十分便利。

了她10万元的授信额度。这解了杨帆的燃眉之急。她从未料到，一个小小的支付宝收款码，为她累积了多年以来的信用数据，而这也让杨帆这样的线下商家在最十万火急的时候能够迅速拿到急需的资金。

据新华社报道，2018年年初，中国市场主体已达到1.0024亿户，这一数量位居全球首位。根据国家市场监督管理总局的统计分析，亿户市场主体中，个体工商户占比近七成。而银监会公布的数据显示，2017年12月，国内小微企业贷款余额为30.74万亿元，不足银行贷款总余额的1/4。

数量庞大的线下小微商家群体巨量的信贷需求亟待满足，而他们正是网商银行想要服务的主要客群。

作为一家没有线下网点的"云上银行"，网商银行不太可能组织一支庞大的业务团队进行线下扫街。但是没有调查就没有发言权，踌躇再三，网商银行制定了业务拓展策略，选择性地走访客户，仔细分析各个场景生态，挖掘这个群体的需求和特征，并提供解决方案。

其实，每个个人和每个商家都是一张巨大网络中的节点，交易则是连接在点与点之间的那条线。无论是张三早上在煎饼摊买了一个煎饼，还是李四在理发店做了个造型，都会在节点之间产生一条又一条的曲线，错综复杂的曲线最终形成了一张巨大的网，在这张网中，每一笔交易都有迹可循。

谁来做这张大网的入口？网商银行想到了支付宝，这个在2017年用户数就多达5.5亿的超级平台。借势支付宝，等于站在了巨人的肩膀上，前方的风景也便豁然开朗。2017年2月底，"收钱码"正式亮相，出现在了支付宝首页最显著的位置上。

一张小小的收钱码，让小微商家开始和移动互联网有了紧密关联，在收钱码所产生的支付场景中，小微实体商家们在便捷收单的同时，也

在路边摆摊做生意的"码商"

开启了向数字化经营转型的第一步。路边的包子铺、菜市场的小摊主，甚至没有固定店铺的上门服务经营者都能零门槛接入互联网，小微经营者们形象地将自己称为"码商"。

通过支付宝的收钱码，网商银行在获得客户授权后，能通过大数据技术描绘出每一位线下小微商家的信用画像。从今往后，小摊主、个体户也能通过手机1秒钟获得贷款。在科技的助力下，金融服务首次规模化触达了这批"最小微"的线下经营者群体。

黄浩不禁慨叹："这是全中国目前最活跃、最富生命力的社会群体。他们不需要国家解决就业，也不需要特殊的政策，但是他们的经营几乎和每个人的生活息息相关。码商中'码'的概念，是一张收钱码，这里有场景，也有数据，一张收钱码让原本的弱数据、弱场景瞬间转化为强数据、强场景，而这也是基于数字化的金融服务发挥作用的必须前提。"

对此，金晓龙做了进一步解释，"收钱码是码商经营的开始，是码商智慧经营的手段，也是金融服务小微商家的渠道。通过它，我们就知道码商一天收多少钱，哪个季节最忙，哪个季节最缺钱，也知道了每个行业的不同特点，还能了解到码商生活中的故事，包括他的生意、经营特点，这样的贴身服务超越了我们在传统金融方式中所获得的所有体验。"

"毛线球"与"蒲公英"

收钱码的广泛应用使码商群体迅速壮大，加速了线下商户在线化的进程。而网商银行的业务从线上走向了线下，"大数据风控"也需要有新的蜕变。

"刚开始探索线下小微企业的贷款时，我们的心里也没底。但随着不断的探索，我们发现线下小微经营者用上移动支付之后，能够沉淀下来的部分数据维度甚至比线上电商还要丰富，再结合我们的风控能力和经验，为他们提供贷款服务就有了基础。"网商银行资深总监胡晓东[一]表示。

针对线下小微经营者，首先要突破的就是如何辨明商家的身份。虽然支付宝里沉淀了资金流情况，但并不区分是"商户经营"还是"个人消费"产生的，加上很多码商甚至未曾出现在工商注册的名录里，如何识别他们成为风控团队面临的首个难题。

网商银行的风控团队借助大数据手段分析了每个"收钱码"往来的

[一] 胡晓东（花名：钰昕），蚂蚁金服财富事业群资深总监。2014年加入阿里巴巴，历任阿里巴巴数字阅读事业部总经理、YunOS产品总负责人、网商银行资深总监等职。曾担任联想集团全球配件产品负责人，多看科技联合创始人，小米数码科技副总裁。

资金链，终于，他们找到了突破口。余泉和她的团队发现，绝大多数个人资金网络是相互交织的，如同一个毛线球。"码商"的特征则像一个蒲公英，它在中间，放射性的链路极其茂盛，大多数彼此不再发生关系。两相对照，就可以清晰地识别出是个人还是经营者，针对不同的身份，就可以采用完全不同的风控模型和授信策略。

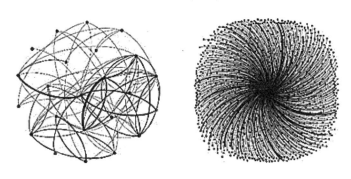

非商家关系网和商家关系网

识别了商家的身份只是第一步，接下来还需要判定他们所处的行业，是餐饮、快递、还是酒店？通过积累了丰富的算法和模型，与国家一、二类行业目录进行比对，他们建立了200多个行业和2000多条词库的行业库。然后，通过模型进行文本分析、模糊匹配、歧义消除，最终确定各种关键词所影射的具体行业。

"识别了商户、行业、经营流水之后，就可以知道他是谁，在什么位置，干什么营生，每个月的经营状况如何，甚至预测未来的流水是多少。然后，就有把握判断这个商家的经营风险、适配额度、季节性变化，判断出什么时候提供多少贷款。"余泉还特别提到，金融科技与客户的交流是动态的，只要产品设计得好，品牌做得好，吸引来的也是更好的客户，这对风控环境的建设也是非常正向的推动。

余泉强调，"'普'和'惠'两个字是深深融合在风控团队的使命里的。所谓的'普'，是让更多的用户能够使用我们的产品，把'坏人'拦在外面，让更多的好人进来。至于'惠'，运营成本里有一大部分是风险成本，如果能够把风险成本降下来，就能够给客户提供更优惠的利率。所以，普惠金融是我们团队使命中非常重要的构成。"

现在，网商银行以动态、多维、场景化的大数据和高性能的云计算为支撑，已经建成了全链路数据化风险管理体系。高级数据分析专家梅炜⊖表示，该体系具备贯穿"数据—模型—策略—业务"的风险管理总体架构，能够应用各类智能化模型对众多小微商户进行全方位画像，并结合决策系统，在贷前准入、授信，贷中监控预警，贷后催收的信贷"全生命周期"进行风险管控。

这个成果来之不易，离不开阿里小贷近十年来的探索和蚂蚁金服在诸多金融场景积淀的经验，当然还有自身技术的迭代、管理的创新。也因此，网商银行对小微金融风险的理解，有着显著高于行业水平的准确度和敏锐性。

变化的"能量球"

收钱码一经推出，迅速在二维平面上编织起一个立体化的商业网络。它不仅仅是收款的凭证，更是线下商家获得数字化金融服务的门票。

相比原来阿里生态内的金融服务，对于码商群体，网商银行相当于

⊖ 梅炜（花名：榆阳），网商银行高级数据分析专家，负责电商和线下码商的数据化风险策略。2014年加入蚂蚁金服后，一直从事小微商户和个体经营者的数据化风险管理。

采取了一种更积极的策略，主动走到商家身边，提供贴身服务。不管商家在哪里，什么时间，多细碎的贷款需求，哪怕远在珠穆朗玛峰的山脚下，哪怕在月黑风高的冰冷暗夜，哪怕一天贷款几十次，只要有了这张码，都能获得数字化的快捷金融服务。

思路打开以后，考验的就是行动力了，用黄浩的话说，网商银行为了打赢这场"线下支付之战"，几乎投入了所有的资源。

2017年3月网商银行线下商家业务团队成立，由"老阿里"戴烨领队，当时还专门开了一个"誓师大会"，叫"MA到成功"计划。面对紧迫的需求，戴烨的团队已经来不及慢慢孵化产品，凭借在阿里体系的多年经验，她先盘点了既有资源和产品逻辑：

"环顾我们所有的能力，信贷是一定要做的，同时我们原来在孵化的现金管理产品余利宝，也非常贴合这个业务。除了这两个重点产品以外，还要拓展其他能力，比如我们在做网商有数，就是对线下商家经营数据化的分析工具。我们拿出三大产品跟支付线形成合力，组成了一个矩阵。"

三大产品中，信贷产品无疑是重中之重，因为需要把它跟收单联系在一起，并且能让商家逐步积累更高的信用，所以戴烨的团队设计了跟收单挂钩的提额模式。商家收单量越多贷款额度就越大，利率也越优惠，同时给产品取了一个特别好理解的名字——多收多贷。

这款产品在当年5月底正式上线，并在6月对所有准入客户开放，堪称神速。当然，产品的优化迭代，也伴随着服务的深入而持续进行，在最初的设计中，额度是一个月默默提一次，为了让商家直观感受到额度的变化，改为一个月提三次，直至每天刷新。团队还特意设计了各式有趣的提额动画，额度增加时商家能听到金钱"叮当"入袋的声音，打开支付宝的"多收多贷"模块还能看到额度"能量球"的变化。形象生动的展示方式让这款产品看起来更加亲切贴心,从实质内容到表现形式的每一处细节,都彰显了网商银行无微不至的贴身服务理念。

另外,现金管理工具余利宝是重点针对商户每天大额经营性资金的收款、流转而做的贴身设计,余利宝对接的是多只货币基金,而货币基金主要投资国债、银行存款等有价证券,收益比较稳定,它更吻合商户的现金管理需求,被称作是商家版的余额宝。2017年正式推出后半年不到,客户数从原来的200万左右猛增至千万级规模。

"多收多贷"和"余利宝"成为线下商家的左膀右臂,除此之外,网商银行的运营团队还在不断挖掘线下商家的需求,"他们大概还需要一个'记账本'吧?"于是又有了"网商有数"。商家点开支付宝的"网商有数"栏目,就可以查看每天的收单数据、贷款数据以及余利宝的收益数据和资产数据,方便资金管理,弄清楚每天账上资金的流转情况,做到心中有数。细致入微的服务像是陪伴在每位小微商家身边的财务官,让资金管理变得简单易行。

网商银行正式对线下码商提供信贷服务以后,截至2018年12月,短短一年半时间就有600万码商获得了贷款支持,而且码商申贷通过率达到73%,而传统机构开展的POS贷产品申贷率普遍不超过10%。"我们在贷款中,把申请人都看作好人,先给他一个小的额度,然后他可以通过自己的履约行为积累信用,逐步提高信用额度。因此,我们的贷款通过率非常高,而小微商家们在获得了贷款之后会格外珍惜自己的信用,所以坏账率也比较低。"2019年3月,金晓龙还定下了网商银行的新愿景:未来3年,争取让全国有实际资金需求的路边摊都能贷到款。

蚂蚁金服曾推出首部形象宣传片，名为《背影》，影片中有一句话打动过无数人："每一个认真生活的人，都值得被用心对待。"而现在，码商们每一天的努力都被网商银行点点滴滴的信用数据所记录，他们在看不见的地方向前走，网商银行则在看得见的地方提供助力。如今，收钱码全国申请用户量突破了1个亿，当越来越多线下的小微商家开始使用收钱码，社会经济体中最小颗粒度的个体、单位就被紧密连接在一起，通过收钱码实现了收银环节的数字化，"小本生意贷款难"的最后一块坚冰正在融化。

网商银行成立之初，马云曾表示希望5年服务1000万个小微经营者，时隔3年，在"钱江观潮——2018小微金融行业峰会"上，黄浩宣布网商银行及其前身阿里小贷，已携手金融机构伙伴，为超过1000万个小微经营者提供了贷款服务，提前两年完成了马云定下的目标。

"能提前完成小目标，主要是因为移动支付技术的普及和码商的神助攻，这个被验证的模式也为科技服务小微打开了全新的想象空间。"许多媒体纷纷转载了黄浩的感言。工信部的数据显示，2018年中国移动电话总数已逾14亿，至于"码商"则像十几年前因为电子商务兴起的"网商"一样，以二维码上崛起的"新商帮"之形象闯入大众视野。这是金融史上前所未有的景观，网商银行的金融服务就像是一道高高耸立的数字都江堰，在资金大河中分出了一条涓涓细流，灌溉着广阔的大地，滋养着绿油油的草原，让人感受到萌发于神州大地每个角落的蓬勃生机。那些曾经被忽视、被遗忘、被边缘化的"认真生活的人"正在被温柔以待。

"金融可以帮助我们在越来越宽广的社会阶层中广泛地分配财富，金融创造的产品可以更加大众化，也可以更好地和社会经济融为一体。"罗伯特·希勒教授在《金融与好的社会》一书中写的这句话道出了网商银行的社会价值。

你努力的样子，真好看

2017年8月，彭蕾带着网商银行的高管参加了一个游学团，前往美国耶鲁大学拜会罗伯特·希勒教授。黄浩与他探讨了中国互联网的发展、金融科技发展以及小微商家的服务等话题。希勒教授表现出浓厚的兴趣，他没想到中国的发展如此之快，小微企业能够像银行VIP客户一样获得精细化的丰富服务。

对于那次谈话，黄浩印象很深，"他当时问我们，你们服务这些小微商家是用什么方式，我们说借助淘宝、天猫上的信用数据。他说，还有很多其他人不在这个平台上，他们怎么办？说实话在那个时候我们不知道怎么回答这个问题。"

现在看来，码商群体的"崛起"已然是最好的回答：水果摊老板，烧烤店店主，小超市的夫妻——这些城市里"最熟悉的陌生人"通过一张二维码就可以享受到便捷的金融服务。就像蚂蚁金服董事长兼首席执行官井贤栋说的那样，科技的广泛应用开辟了普惠金融服务的新航道，他们可以获得更公平的机会，去获得资金、升级生意、扭转命运。

通过运用科技的探索，网商银行不仅为小微群体提供生意资金上的帮助，并且希望作为小微的伙伴，时刻关注他们的情感需求。

2017年12月，为了配合第一届"码商狂欢节"活动，戴烨团队在支付宝上试点了一个社区小模块，让小微商家扫一扫进入"码商心愿墙"（后升级为"码商说"），讲述各自的经营心愿。结果应者如潮，短短

20天不到，100万小微商家蜂拥而入。当时它还不是一个完整的产品，安全的策略也不完善，每一个帖子都需要人工审核。怎么办，完全审不过来！

"谁都没有想到线下的实体商户会迸发出如此巨大的热情，产品还来不及优化，'小二'们就主动参与协助审核。当然，成千上万的小商户可能也没有想到这场试点活动的背后，竟然牵动着网商银行所有同学的心，包括彭蕾和井贤栋都在密切关注，他们不断地跟踪社区的最新进展，倾听那些让人动容的故事。我们还在钉钉上特别设置了'总编室'，大家每天都在里面热烈讨论如何组织这场超乎想象的活动。"戴烨回忆时依然难掩激动。

一时间涌现的码商故事非常多，也让很多网商员工更深刻感受到了自己的付出得到的更温暖的反馈。

李爱华，51岁，武汉的一个超市老板。她自己上传了一张照片，带着孩子，还要照顾中风的奶奶。生意不是特别红火，但是越来越好，她说临近年关需要备货，所以资金有一些紧张，最近一段时间她找网商银行在线申请了3万元钱贷款，这样就可以把摇摇车也买了。

34岁的邵阳商家刘丽敏创办了一个录音工作室，每次听到自己录的电视剧、广告里面的声音，她就觉得非常高兴。最近她接的一个单子对声音效果有比较高的要求，原来的设备不好用，所以支取了4.8万元的贷款，购买了录音设备，希望录出来的声音更好听。

赵靖斌，浙江人，45岁，是"老人之家"的经营者。他准备贷款6万元添置冬天的暖气和棉被，让那些老人冬天不再挨冻。

还有一叫网名叫晴鹅的"95后"姑娘，她在"码商说"的留言获得特别多的点赞，因为她是一个大学生，爸妈觉得大学生不应该开店，是浪费。但她觉得要走自己喜欢的路，这也是现在很多"95后"的态度。她说："余利宝管的不仅是钱，还是我自己的人生。"

（摘自2017年12月15日黄浩在小微金融服务沟通会上的讲话）

短短18天有超过219万商家开通了余利宝，41万商家贷款获得提额，62万条发帖，浏览、发言或领小红包的人数超过1095万。这次活动不仅仅是一面心愿墙，让大家在里面诉说，许个愿或者发发牢骚，更重要的是让码商群体在参与的过程中体会到他们并不孤单，他们是一个遍布中国的强大群体，他们的经营需求、金融需求以及情感需求都值得被尊重。

现在"码商说"已经成了全国最大的小微商家在线社区，超过2000万户小微商家在这里聊生意、交朋友、觅商机。

有一次，来自中国"拉面之乡"青海化隆县的"90后"马大吾代在"码商说"上发了一则图文："我做拉面已经十几年了。其他的拉面店现在都开始用冲泡的汤料煮汤，但我要坚持做最正宗的味道。我拜师学艺学会做拉面的技巧，然后坚持亲手熬制汤料，做最好吃的拉面。"照片是他在做拉面时随手拍的，竟收获了50万人点赞，他也成了"网红拉面店主"。化隆县县长听说后，还亲自来到他远在杭州的店里参观，并邀请他去当地的"拉面联盟"做经验分享。之后，马大吾代的生意蒸蒸日上，还开起了分店。

类似的例子很多，他们在"码商说"里用朴素的文字述说着自己的酸甜苦辣。"这些留言和互动，让网商银行的坚持变得更有意义。我们不仅能够提供贷款，还能成为小微企业情感连接的精神家园。"金晓龙感怀地说。

为了挖掘那些在各自经营领域里有心得、能够对其他码商及消费者产生正向影响的码商，"十大码商"评选活动也在各地展开，让更多人关注到了这些平常默默无闻的"凡星"。

关注小微商家的所思所想，让他们真正具有参与感、获得感、成就感，这在以往的金融服务中并不常见，于此，网商银行独树一帜富有温情。正如黄浩所说："许多线下商家的故事并不为人所知，甚至为整个中国社会所忽视，但是他们是社会的细胞，今天互联网赋予了我们这种能力，使我们可以为他们服务，服务好他们就是服务实体经济的重要组成部分。"

第二节

让客户感受到你的用心

在2018年10月召开的首届天下码商大会上，杨帆当选"十大码商"之一，她和其他九位码商代表一起被邀请分享自己的创业经历。

话筒递到杨帆手里，她还有些紧张，一口"川普"却显得朴实而爽朗。她说自己店铺生意好也没有什么秘诀，还是通过优质服务，用口碑留住客户。别人摆摊花费1个小时，她半夜就起来，花3个小时理菜，让货架颜值提升不少，所以即使路过的人不买她家货品，也会多看一眼新鲜的货架，"服务就是让客户感受到你的用心，让客户逐步信任你。"

在"码商说"生活社区，杨帆的"创业史"获得1万多人点赞。如今凌晨做生意的间隙，打开手机看"码商说"已经成为杨帆的习惯。天南地北的码商们给她的每条留言，她都会一一回复，这成了一种远在天边而近在眼前的陪伴。

一张二维码重新定义了一个群体的身份，一个小社区使他们能够相互扶持，相互鼓励，利用越加娴熟的网络技术探索商业的世界，未来的美好。网商银行对码商的服务也逐渐丰富，衍生出"天下码商成长计划"。

不仅仅是贷款

在黄浩看来，给码商的服务仅仅是贷款是不够的，更应当是一个综合服务。基于收钱码背后不断累积的数据和场景，更好地为小微企业发展提供多维支持的构想被提上日程。

2018年5月，蚂蚁金服和网商银行共同推出"天下码商成长计划"，这意味着，广大码商将在成长和保障两大方向获得多维金融科技服务，从而实现支付升级、经营升级、扩店升级、保障升级。

支付升级即移动支付，"多收多免"，收款越多，免去越多的结算、提现相关费用。

经营升级主要指"多收多赊"产品，因为打通了支付宝商家服务与1688货源市场，码商们在家动动手指就能获得一站式进货服务并有机会享受赊购。

扩店升级与贷款紧密相关，除了"多收多贷"，还推出了"多收多得"即余利宝的现金管理业务，码商日常做生意收来的钱，可以放进余利宝，收得越多得到的收益也越多。

保障升级，一方面是"多收多保"：考虑到很多小店主没有上保险，一旦碰到了意外没有保险可以覆盖，"多收多保"出炉后，码商使用支付宝收钱码收款就可免费获得门诊保险，收款越多保额越高，各种日常医疗的费用都能报销。支付宝上的"多收多保"很快就实现了2分钟申请，1秒钟审核，2小时到账。在上线7个月的时间里，依靠20多人的团队，服务了数千万的码商。目前AI技术在多收多保的贡献度已达50%以上。

此外，支付宝还推出了"你敢收，我敢赔"计划。虽然支付宝经过多年支付能力的沉淀，支付资损率降到了百万分之一，全世界遥遥领先，但很多码商还是会有疑虑，万一收钱码贴纸被人恶意替换、调包怎么办？"你敢收，我敢赔"计划就能帮助商家申请保险公司赔付，彻底打消了他们的顾虑。

借力支付宝的"天下码商成长计划"，全国数千万码商的生活正在悄然改变。到2018年年底，已有超过600万码商通过"多收多贷"获得贷款，用于扩大经营；700多万码商通过支付宝"商家服务"直接进货；"多收多保"服务为码商提供门诊费用报销金覆盖数千万码商，平均每天有2万多名码商在支付宝上申请门诊报销金。

授人以鱼更要授人以渔。网商银行也关注码商经营能力的成长，特别在支付宝上开设了小微商家的"湖畔大学"——小微大学。在这里，码商可以收看"凡星公益课堂"，既有韩都衣舍、河狸家、珀莱雅等知名商家的导师分享，也有小微店主自己的相互讨论。码商还有机会与自己喜欢的明星导师一对一、面对面聊天。

小微大学上线半年时间，邀请了30多位创业导师分享生意经。截至2019年2月，已经有3000万人在线听课，总阅读数超过6000万。2019年，除了计划邀请100位知名品牌企业创始人担任导师，还将陆续推出50堂餐饮、服装、美容、零售专题课程，一切只为帮助小微商家健康成长。

井贤栋曾在华盛顿召开的2018年度世界银行大会上，向全世界分享了中国的"码商"如何通过一张二维码接轨数字时代的金融服务。在他谈及金融科技正在改善数百万家庭的处境、数百万人的命运，让哪怕最不起眼的小微商家也能被认可、被尊重、被认真对待时，全场响起长久的掌声。时任世界银行行长的金墉先生对此表现出极大的兴趣，他甚至将网商银行助力"码商"的成绩称为"科技推进普惠金融的世界典范"，认为它真正改写了行业格局。

首届天下码商大会

2018年10月，榕城福州风和日丽，气温宜人。让我们把镜头转向朱紫坊的码商集市，那里正是一派人头攒动、热闹非凡的景象。继数月前的首届"数字中国建设峰会"后，首届天下码商大会也在这里举办。

为了给这届大会造势，有30多位抖音网红来到现场，号称"自带一亿流量"。

我们看到了网红码商丽江石榴哥金国伟，他正在码商集市上大力宣传云南。这是一个白天做英语老师，晚上兼职摆地摊的奇男子。一度成为抖音热搜第一达人，"因为石榴哥我想来丽江"的网络评论已经超过100万条。

福州最后的走鬼烧烤摊主、高分纪录片《人生一串》里的天庭首席烧烤师阿龙也来了。比起香气四溢的烧烤，他那句"在城市夹缝中求生太难了"可谓字字扎心。

现场还有中华彩虹圈第一人夏饶有，行走的CD机"侧脸霍建华"雪碧小哥、网红奶茶鹿角巷颜值超高的森系店长等网红。这些网红同时也是成功的码商，他们擅用新工具、新兴的沟通方式，善于抓住年轻客群成为他们经营的制胜法宝。现场的码商集市也很能体现这一点,他们基本都被"团团包围"。

当然,大家关注的焦点最终还是落在井贤栋身上。

"数字中国建设不能少了小微经营者,他们是数字经济重要的参与者、共建者!他们可以让城市生活更美好、让老百姓更有幸福感,这个群体是中国经济的明日之星、活力之源,他们需要被关注、尊重和支持。"他在会上宣布助力线下小微经营者数字化经营的"码商成长计划"将全面升级。

"未来支付宝将为1亿小微经营者提供数字化经营工具;2018年年底前多收多保要覆盖5000万码商,为码商实际报销门诊看病费用超过5亿元;网商银行的贷款服务三年内要触达3000万小微企业和个体经营者。"此外,蚂蚁金服还将联合100位企业创始人,为1000万小微商家定制100堂经营成长课程。

根据大会现场的数据调研显示,68%的码商认为明年会比今年赚更多,31%的码商计划在一年内扩大经营规模,25%的外地码商计划五年内在经营所在的城市买房。有了网商银行的资金作后盾,码商们也在一点一点地接近他们的小梦想。

在井贤栋的构想中,蚂蚁金服要用科技的力量为小微经营者搭建一座通往数字化快车道的桥梁,而这座桥梁就是"收钱码",通过这个小小的"支点",小微经营者可以撬动多种服务。未来,小微经营者运用支付宝平台提供的系列数字化经营工具,就能实现"一本账、一盘货、一群客",实现"门店数字化""数字化供应链""数字化用户运营"。

回望2004年,阿里巴巴举办了首届天下网商大会,由此开启了中国电子商务的黄金时代，数百万小微创业者通过阿里巴巴的平台，逐步实践了阿里巴巴"让天下没有难做的生意"的愿景。也许首届天下码商大会，意味着另一个全新时代的序幕就此悄然拉开。

我们不一样

2018年被称为"码商元年"，码商们表现出的惊人力量，反映了中国这个国度基层商业生态的强劲生命力。当然，码商的出现也离不开移动支付、大数据、人工智能的共同助推。移动支付的普及为码商的诞生创造了基础环境，而金融科技的不断突破使得为海量码商提供金融服务成为可能。

传统商帮是以乡土亲缘为纽带，拥有会馆办事机构和标志性建筑的商业集团；而网商则是运用电子商务工具，在互联网上进行商业活动的组织或个人。从关系结构和交易场景而言，码商显然区别于这两者，他们以二维码为纽带，突破了地域概念，也打破了线上线下的界限，他们依托互联网科技，与消费者在线下的日常生活中紧密相连。

基于大数据的能力，网商银行可以分别从行业、地区、年龄、工作时间等了解到他们的群体画像。

以前大家熟悉的淘宝店主，多以零售业为主。线下服务的商家中，零售占比只有不到两成，其他全部都是纯服务类，主要集中在餐饮、维修、便民服务、烟酒等生活类消费行业。

来自不同区域的码商，也有着各自兴趣集中的领域。福建码商爱开餐饮店，广东码商爱开便利店，浙江码商青睐服装，江苏码商爱卖生鲜。

码商的年龄分布比线上网商更要多元化一些。淘宝店主大部分是

20~30岁的年轻人，而码商从"60后"到"95后"都有。最多的"85后"占到44%，"75后"到"85后"中青年占到近1/3，"65后"到"75后"也有不少，这里才是中国基层商业生态的全貌。

此外，码商经营的店铺多是家庭事业，所以从工作时间观察，数字会非常震撼——40%以上的码商每天营业时间超过12小时，甚至有相当比例的码商营业长达18小时以上。幸而，辛勤劳作的收获也颇为可观，过半码商每月营业额在3万元以上。

码商是这样一群认真生活的人，因为脚踏实地所以信心满满。根据网商银行2019年年初的一份调查问卷，有效答卷的11136人中有将近80%的人表示接下来一年有扩大经营规模的计划；其中更是有超过55%人认为"收入预计比上一年增长10%~50%"。当人们都在热议中国经济未来图景，到底是"U型"还是"L型"曲线时，我们却从这些最基层的"奋斗者"中看到了超常的活力和信心。这大概也有网商银行信贷支持的部分功劳，在这份问卷中，大部分码商认为1万元的贷款，能给他们带来2万~5万元的经营收入！

其实，码商的崛起对于实体经济和金融业发展、数字化城市建设、信用社会完善都大有裨益。他们可以为实体经济和金融市场注入活力因子，为金融机构扩充一个亿级的客群。而码商自身的数字化也有助于数字城市建设早日落成，进一步完善社会信用体系，降低交易成本，提高社会经济整体运行效率。

随着技术突飞猛进地发展，新型经营与商业手段随之不断涌现。码商日常经营数字化后，精准推送、会员积累、促销推广等依托互联网科技的多样化营销手段就有了用武之地，可以帮助码商更有效地吸引并积累客流，码商在创业、融资、市场开拓等方面都将越来越顺畅，其间的想象力空间有望被不断地延展。

在金晓龙看来，1亿码商背后是1亿个家庭，涉及3亿~4亿人的日常生活。因此服务好他们，就是网商银行对中国实体经济的一份责任和贡献。

预见未来的最好办法，就是把它创造出来。码商的培育是一个漫长的过程，这个群体带有天生的脆弱性和离散性，唯有拥有足够的耐心和足够的热忱，才能完成这项事业。

第五章

新零售呼唤新金融

我们将不停止探索，而我们一切探索的终点，
将是到达我们出发的地方，并且是生平第一遭知
道这地方。

——T.S.艾略特

第一节

新金融蝶变

"未来的十年、二十年，没有电子商务这一说，只有新零售，也就是线上、线下和物流必须结合在一起，才能诞生真正的新零售，线下的企业必须走到线上去，线上的企业必须走到线下来，线上、线下加上现代物流合在一起，才能真正创造出新的零售。"

"纯电商的时代很快会结束"，此语一出，在座的电商从业者们后背冒起了冷汗。2016年10月13日，马云在云栖大会上提出了"五新"的战略："新零售、新制造、新金融、新技术、新能源"，排在第一位的就是新零售。

马云这一提法跟消费在中国经济发展中日益突出的重要性不无关联。近年来，新兴消费快速兴起，2017年银联网络转接交易金额93.9万亿元，同比增长28.8%；2018年这一数字首次突破百万亿元大关，达到了120.4万亿元，同比增长28.2%。而另一个数据——网上零售额的年均增长早已超过了30%。

消费的旺盛让消费者拥有了更多话语权，他们日益个性化的消费主张倒逼整个零售行业开始了一场全新的业态转型，而这种转型，我们也将在随之而来的年份里有着更为深刻的体验：2017年，增速放缓的电商们开始纷纷布局线下零售；各大传统零售企业也更加关注消费者偏好和体验痛点，主动尝试转型升级。2018年成为传统零售的整体转型年，华润万家、苏宁云商等零售巨头在线下线上的角逐越发激烈，一夜之间，传统零售和线上电商之间的"柏林墙"轰然倒塌，这两个巨大体系加速融合，纷纷抢占新型超市、生鲜市场、无人零售等风口的至高点。

对于这样的大趋势，网商银行在第一时间做出了响应，否则"看不见，看不起"的结局一定是"看不懂，跟不上"。在2017年1月的共创会上，黄浩提出"三张网"战略，其中的商业网就直指新零售之网。作为新零售金融的主要操盘手，金晓龙力主通过助力核心企业的数字化转型，将金融服务嵌入供应链中的各个需求场景，充分发挥网商银行的潜力和价值。

金晓龙2019年4月升任网商银行行长，黄浩完成交棒后，回归蚂蚁金服挂帅数字金融事业群，同时继续留任董事支持网商银行。

金晓龙担任网商银行副行长的两年间，全面参与推进码商、平台金融、农村金融等业务的规划实施——在新零售金融上，他同样不遗余力。他认为，"未来产业变革的逻辑是从B2C走向C2B和C2M⊖。新零售

⊖ B2C是Business-to-Consumer的缩写，而其中文简称为"商对客"，也就是通常说的直接面向消费者销售产品和服务商业零售模式。C2B是Customer-to-Business的缩写，即消费者到企业，先有消费者提出需求，后有生产企业按需求组织生产。C2M是英文Customer-to-Manufacturer（用户直连制造）的缩写，又被称为"短路经济"。依托先进技术，按照客户的产品订单要求，设定供应商和生产工序，最终生产出个性化产品的工业化定制模式。

就是线上线下一体化，网商银行除了基于个人维度的普惠贷款之外，还要兼顾品牌商家产业链的线下部分，为客户增加额度的供给，提供贯穿全产业链的金融服务。"

"人货场"重构

马云曾经说，银泰是第一个意识到危机并转型的传统零售商。它也因此成为新零售变革的标杆案例。银泰于1998年建店，2007年在港交所上市，2017年，更名后的银泰商业私有化，在港交所退市。从2007年到2017年的十年，是银泰商业从百货发展至"百货+购物中心+电子商务"的"新银泰"模式，也是传统而又厚重的百货行业中一个成功的转型样本。

现在，当我们再次走进这家大型时尚购物商场时，印象最为深刻的却是它因数字化而带来的新潮感。走进杭州武林银泰总店，各型互动大屏随处可见，模样可爱的室内快递机器人不时擦身而过。专属的喵街App上还有精准的室内导航，在银泰城内的消费状况、动线、热力图通过数据的方式自动生成。这些改变，为用户带来前所未有的智能购物体验。

从一家传统百货身上竟然嗅出了数字化的味道，这一切始于银泰选择了阿里巴巴这个合作伙伴。

2010—2011年，在提振内需政策的刺激下，银泰商业总收入增速达45.6%，利润实现56.1%的高增长，达到了10年间的最高值。从2011年开始，在消费升级、同质化竞争、电商冲击的影响下，传统零售遭遇重大冲击，实体零售整体下滑。银泰商业的总收入、利润等业绩增速逐步递减至个位数及以下。特别是2013—2016年，银泰的销售额增速出现大幅降低，由12.6%陡降至2.7%，银泰迎来了销售的最低谷。被阿里巴巴收购之后，银泰开始全面接入蚂蚁金服和网商银行提供的综合金融解决方案，双方合作推出了"喵街""喵货""喵客""西选""意选""集货"等多个创新业务，以更好地匹配产品和顾客。

如今，银泰已经打通了扫码、刷卡、账户体系和资金结算的数字化全链路，实现了统一管理。银泰会员的数字化、商品的数字化以及商场全链路的数字化，又反向加速了线上线下的互动融合，也为新零售的金融服务提供了更丰富的画像基础，实现了针对客户的精准营销目标。

效果十分明显。2017年"双11"，银泰百货客流同比增长159%，销售同比增长154%。数字化会员人数已达200万，付费会员人数近30万。更重要的是，在传统购物商场纷纷收缩战线、关闭门店的同时，银泰的门店全面开花。截至2018年9月，银泰扩张到全国62家门店，商品数字化程度达到58%，90%的顾客进店使用手机辅助。数字化的转型带来了销售额的大幅度提升，同店销售额增长18%，为10年来最高增幅。

银泰的数字化升级，是针对新零售"人货场"中"场"的全面改造。金晓龙对新零售做了深入研究，在他的理解中，过去的模式中，商家有一个价廉物美的货品，通过线上或线下的场合，借由各种连锁、直营、加盟的渠道，把货品送到消费者手中，这个链条就算完成了。而新零售时代，逻辑则发生了改变，"人"才是中心，生产必须首先从"人"出发，满足人们日益增长的物质文化需要，还有对美好生活的向往，而人们的需求也要靠"场"来收集，银泰的转型正是以客为先的体现。

　　至于"货"的概念，不仅仅是货品，更指向柔性的供应链。当今时代，生产商品对厂家已非难事，难的是根据人、场的需求，利用柔性、弹性的供应链，把货及时、高效且低成本地配送到场，传递到消费者手中。

　　明确了"人货场"的重构逻辑（见图5-1），网商银行的新金融方才有的放矢。在金晓龙看来，从新金融角度，"人"可以理解为消费端，"货"则可以对应为供应端，"场"是新零售商家端，网商银行据此分别为之设计出一系列金融产品，并把这些产品和商家的经营场景打通。

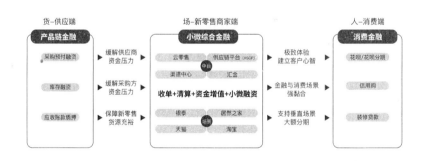

图 5-1　"人货场"重构逻辑图

　　"这样就形成了完整的服务链路：消费端的消费信贷支持，成为中间端品牌商的还款来源；品牌商向上游供应商的采购行为又成为供应商货款的还款来源。于是，资金可以像血液一样在整个新零售链条当中流动。流动的新金融才是鲜活的金融，才是场景金融，也是我们新零售和新消费所需要的金融。"

在消费端，鉴于当前的消费主力是"80后"、"90后"年轻人，金融产品的设计就必须考虑用户心智。金晓龙分析，现在的年轻人，有几个非常显著的消费特性：

"即买即得"，没有等待的耐心，凡是能够在网购中满足的需求，绝不愿意挪动到线下；

"体验优先"，他们非常愿意参与线下的各类活动，在真实的生活或学习场景中交友、消费和展现个性；

"社交融合"，购物不仅仅是必需品的购买行为，而成为了消费升级的一部分，快乐、分享和沉浸式体验成为新的诉求。

因此，针对年轻人的消费特点，金融端将做相应调整，以实现助力的更优体验。

场景端是关键的中间环节，起到重要的衔接作用。一方面商品通过消费场景进入消费者手中；另一方面消费场景当中留存的客户画像，可以延伸出更大的价值。网商银行通过构建的数据模型，帮助商家了解消费者的消费特点和消费能力，帮助商家分析消费者的属性，为他们配置合适的产品与服务。

在供应端，网商银行力求以"货"为支点打通全链路服务，即以品牌商为核心，兼顾它整个供应链上的金融服务需求，包括品牌商上游资金的定向支付、线下门店融资以及保理融资等。

"新零售线上、线下一盘棋，供应链也延伸到线下的新零售门店。同时把线下门店、线上经销商的销售情况一起归拢到品牌商的名下，从而了解品牌商整体销售状况。再分析所需资金的安排，线上商家和线下门店之间的分配。"

金晓龙特别强调："除了线上部分，网商银行对供应链上游的应收账款和下游的销售应收，都做了安排，目的就是让供应链上的小微企业都能享受到高效的金融服务。让客户体验最简单、最便捷，轻松一点，钱就到账。简单的背后，是团队艰苦卓绝的努力，我们希望无论中后台多么复杂，都要把极简体验留给用户。"

第二节

从概念到落地

在形成新零售金融的方法论以前，网商银行的新零售业务团队也有过一段艰难的茫然期。2017年，新零售团队仍是隶属于阿里生态金融部的二级部门，因为是不确定的业务，没有模式、没有目标、没有专职负责人，带队的正是网商银行阿里生态金融部的总经理易洪涛，他曾经带领团队在B2B金融"私海"融资风险爆发的重创后艰难破局，又经历了"弱数据、弱场景"领域信用融资模式的创新，使淘系交易融资全面升级，已经是"久经沙场"的老将。

不过这一回的情况又有不同，虽然2017年被称为新零售的元年，但彼时大家对于新零售的认知还只是停留在概念上。各路精英摩拳擦掌，打出了不同的组合拳。这一年，马云首次提出了"新零售"概念，并用一张王牌"盒马鲜生"让国人见识了新零售的威力；另一条分支则靠资本迅速催热，无人货架、无人便利店……针对办公室白领的新零售市场一夜之间变得触手可及。"那是新零售的'青春期'，整个市场百花齐放，大家一股脑往前冲，但其实谁也说不清楚新零售到底是什么。"易洪涛手里举着新零售金融的大旗，然而举"旗"不定，不知路在何方。

　　为了尽快打破僵局，他将内部、外部所有有关新零售的信息搜罗了一通，加紧学习。同时，频频旁听零售行业各类会议。"印象比较深的是2017年年中，我特地参加了一场海通证券的投资说明会，到场的上市公司多来自消费领域。那个周末，我基本上都泡在这几十家上市公司里面，投资说明会结束了，继续参加闭门会，迫切地跟行业大佬互动，了解他们的业务模式，他们的新零售战略。"

　　做足了功课后，易洪涛感觉摸到了新零售金融的门道，随即与金晓龙专门就此进行了多次探讨，于是2017年下半年开始了初期的探索。涂家伟○参与了探索的全程，他们当时主要以全渠道收单的方式，围绕天猫商家线下门店进行数字化改造。起先融资服务只是辅助新零售转型的一种手段，却为之后大显身手做好了准备。

　　进入2018年以后，"天猫新零售八路大军"○全面形成，金晓龙明确了网商银行新零售的基本战略："新零售就是线上线下一体化，用线上撬动线下。网商银行的新零售金融既要关心线上天猫品牌商家的运

○　涂家伟（花名：文越），网商银行阿里生态金融部运营专家。2017年加入网商银行，目前负责阿里生态的企业支付与综合金融业务体系搭建，同时牵头线下零售金融创新，持续探索新金融助力新零售。曾先后就职于中国建设银行、宁波银行、平安银行，在网络金融领域深耕超10年。

○　天猫新零售八路大军：包括在天猫及线下一体化运营的品牌店；与银泰打造的新购物体验和购物零售业态的百货大军；与苏宁合作的从城市到农村的数码电器大军；以盒马和大润发为代表的，包括跟天猫超市结合在一起的食品快消领域大军；用技术、数据和整个经济体资源驱动的消费者独特体验的"口碑"大军；能够打通城市和农村双向供应链和消费链路的村淘；让所有的小店变成用互联网技术来赋能的智慧小店；以居然之家为代表的家居生活类场景大军。

转，也要关心商家线下产业链的管理。作为商流的伙伴，我们要密切跟进新零售商家的需求，从全链路、全生态的角度，为他们提供全产业链金融服务。"

如今，阿里巴巴已经基本完成了覆盖服饰百货、家装家居、家电数码、快消商超、餐饮美食等诸多行业的零售全业态布局。跟随阿里生态的转变，网商银行从行业视角切入新零售变革，针对各个行业不同的金融需求，重新调整了产品逻辑和服务模式，并率先在服饰百货和家装家居等领域取得了决定性的突破。

真正被尊重

2018年1月，网商银行新零售金融业务部的张博⊖在日常的客情维护中，了解到天猫品牌商家西遇服饰有资金周转的需求。事实上，作为一家拥有上百个门店的品牌商家，西遇常常需要提供预付款给上游供应商，以保证提前备货，资金周转一直面临比较大的压力。

先前网商银行已经为西遇提供了基础额度的信用贷款，现在看来，这没有完全满足他们的需求。从网店流水看，西遇服饰的经营状况比较稳定，销售业绩也连年倍增。从纯信用贷款的使用情况来看，足额提取、高频使用，信用记录良好，这类品牌商家正是网商银行的理想客户。

西遇是一个正转型柔性供应链的典型企业，张博当时就感到有必要将西遇作为重点样本，通过量身定制服务，继而打磨出适合这类企业的行业方案。"作为互联网银行，我们最大的特点就是比较灵活，产品和

⊖ 张博（花名：博钧），网商银行业务发展专家。2017年加入蚂蚁金服，先后从事服饰、新零售、银泰和天猫等多个场景的拓展、产品构建和业务运营，探索供应链金融、小微工商企业融资之路。

服务是模块化的，可以根据客户的需求进行拼装组合。"

这个提议跟金晓龙的想法一拍即合。说干就干，几天后，张博和团队小伙伴们就赶往西遇服饰的深圳总部，与对方一起开会商讨如何解决西遇服饰的融资痛点。"会开得很顺利，大家开诚布公，包括西遇需要多少钱，钱用于什么地方，是临时周转、门店促销，还是上游的采购，都一一谈到了。"双方综合各方面具体情况，试图讨论出一个务实可行的融资方案。

刚开始西遇服饰的老板石晓华还是有些戒备心理，他担心网商银行是否也同其他银行一样，需要抵押、担保，要求把自己在其他银行的抵押金转移出来，或者提出过分的条件等。

"和金融机构打交道这么多年，作为被服务者的感觉并不是很强。"石晓华很是感慨，"无论你的流水有多大，利润有多少，没有抵押物，它是绝对不贷款的，而且抵押物还要估个打折价。"

石晓华所处的是完全开放竞争的服装行业，竞争激烈、毛利不高，创业十多年来，业务规模稳步增长，资金需求也日益增加。不过若要申请贷款，最被银行所看重的抵押物就只有房子，这导致的一个结果就是，石晓华只能一赚到钱就去买房子，一需要贷款就去抵押房子。

抵押房子要求签字，还规定本人到场，所以每每需要贷款时，他们夫妇二人不是在排队等签字，就是在赶去签字的路上。这且不说，后来房子越买越多，由于国内的限购政策，很多房子还用了亲戚的名字，然而，办理贷款是在深圳本地的银行，于是还经常要麻烦各地的亲戚放下手头工作，从外地赶到深圳签字。

更苦恼的是，办理房地产抵押贷款，户主除了要在银行签字以外，还要去国土资源管理部门签字。而在深圳这样的大城市各类办事机构总是人满为患，千里迢迢请来的亲戚们，包括石晓华夫妇，也经常会遇到各种尴尬，比如路上堵车没赶上办理时间，赶上了时间排队大半天，或者一不留神过了号重新排队，种种遭遇真是令人啼笑皆非。

在与网商银行打过交道的客户中，石晓华这样的人不在少数。矛盾在于，它让本可用于扩大再生产的资金源源不断地流向房地产，而这与国家的宏观调控方向似乎也背道而驰。从生产资料的配置效率来说，为满足抵押物要求而让资金沉淀在不动产上，造成了巨大的浪费，而这，也是网商银行迫切想要解决的问题。

在与网商银行几轮接触之后，石晓华觉得，网商银行或许真的不大一样，他们确实真心实意设身处地为自己解决问题。一般企业在与金融机构打交道中习惯展示光鲜亮丽的一面，网商银行却让西遇服饰的高管们敞开了心扉，从企业的品牌形象到激烈的定位竞争，从互联网转型的挑战到令人纠结的资金问题，他们像多年的好友一样，几乎无话不谈。石晓华还与张博畅想了未来，聚焦快时尚产品，做柔性供应链，他说，这些事情是大势所趋，非做不可。

很快，网商银行通过分析西遇服饰线上线下的经营数据，结合供应链上下游的采购节奏、销售状况，为其设计了定制化的金融产品，将石晓华长久的困扰一扫而空。2018年3月，网商银行为西遇服饰提供了第一笔互联网化的"自保理"融资。

保理业务是银行一种常见的供应链金融服务（见图5-2），卖方（债权人）将其应收账款转让给保理商，由保理商向其提供资金融通、买方（债务人）资信评估、销售账户管理、信用风险担保、账款催收等一系列服务的综合金融服务方式。一般来说，卖方（债权人）和银行达成应收账款转让协议后，银行还需要与买方（债务人）对应付账款

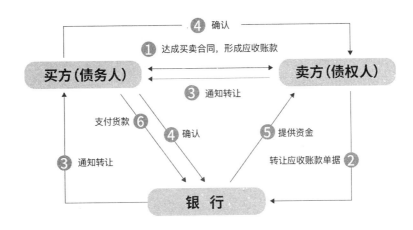

图 5-2　保理业务流程图

进行确权，银行再发放资金给卖方（债权人），完成整个流程需要1个月左右。

　　1个月当然不符合网商银行的理念，于是网商银行着手对保理业务做优化和创新。既然原来的保理业务中非常重要的是对买方（品牌商）的信用评估，为什么不直接基于买方（品牌商）信用，为卖方（供应商）提供应收账款呢？

　　有了这个视角的转变，网商银行推出了"自保理"产品，一款基于买方（品牌商）信用，为卖方（供应商）应收账款提供无抵押无担保信用融资的保理产品（图5-3）。一字之差，不但将整个流程缩短到1周，还将对上游供应商的应付账款管理能力赋能给了品牌商，让品牌商可以自己根据实际账款情况为各个供应商提供资金和账期管理。

　　通过产业上下游企业经营数据的相互打通，西遇服饰的贷款额度提升了3倍，并可以在自己拥有的贷款额度内给它的供应商提供担保，

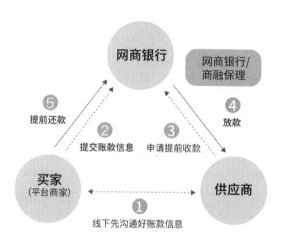

图 5-3　自保理业务流程图

以支持他们获得网商银行的资金支持,这让石晓华从此不用再为供应链是否稳定提心吊胆,还可以从中获得一定的利润分成,进一步提高资金效率。

作为西遇服饰的鞋类产品供应商,王耀炎就是自保理产品的受益者。王耀炎的浙江瑞安市飞驰鞋业年产能已经达到300万双,但不断扩大的生产规模并没有产生相应的盈利增长。过去,从筹集资金集中采购物料,到生产成品鞋,再到零售端完成销售,回款账期长达半年,这让王耀炎苦不堪言。上百天的账期会锁住盈利,空有名义上的利润,而无实际到手的现金流,很难把生意做得更大,更别提在产业链中掌握更强的话语权。此外,鞋子虽然是千百年来的传统产品,不像手机、摄像头等新兴产业,然而无论是棉花、羽绒,还是橡胶等原材料都会有很大的价格波动,比如橡胶有时两周就会发生10%~20%的提价,棉花涨价更甚于此。如果王耀炎拿到一笔大单子,不能及时拿出一笔钱采购原材料，那么很可能他接订单的时候是有利润的，做的时候就没有利润了。

借助网商银行的"自保理"产品，西遇服饰顺利化解了王耀炎鞋厂的窘境。资金周转速度加快之后，每多转一次，供应商们增加的利润就很可观，而且因为有资金可以提前锁定原材料价格，还降低了价格波动带来的风险和成本。品牌商和供应商之间的关系也大为改善，产业上下游的黏性大大增强。

石晓华表示，"网商银行给了我们这样一个契机，用我们的流水、交易行为替代我们的不动产，让交易数据成为一种资源，让我们获得了贷款的资格。我们觉得自己真正被尊重了，被重视了。"

此外，西遇服饰还是最早一批主动迎接新零售的商家。根据消费者越发挑剔的口味和瞬息万变的市场环境，西遇服饰逐渐向快时尚定位靠拢，而供应商们也在配合西遇服饰进行柔性供应链的改造。

所谓柔性供应链，就是一种C2M的定制模式，由销售端发现潮流趋势，定制款式之后，去上游供应链寻找合适的制造方。面对不断的快速变化，柔性供应链需要上游做出迅速响应，在更短周期内随时调整产品线。此时，"自保理"的加持，缩短了供应商的收款账期，激活了产业链的活性，由于可以随借随还，利率也比以前的供应链金融产品更优惠。

2018年6月以来，网商银行的自保理业务已经快速迭代升级，伴随着阿里巴巴新零售战略触角，开始规模化复制，一大批知名商家如1919、源氏木语、大润发、新华都、欧尚等已成为服务对象。现在，许多像石晓华这样的企业家，再遇到资金紧张，掏出手机点一点就可以，不必再折腾拿房子做抵押了。

省下"几个亿"的方案

网商银行的"自保理"服务在很大程度上为许多天猫品牌商家化解了供应商的应收账款融资问题,对于天猫的头部KA(Key Account)商家而言,则有更多创新的玩法。罗莱家纺就是其中的代表。

服务于中高端消费群体的家纺品牌——"罗莱家纺",创立于1992年,从2004年开始蝉联全国床上用品销售冠军。

网商银行新零售金融业务部的李兢[⊖]介绍,之所以选取罗莱作为网商银行另一个新零售重点合作商家,是因为罗莱的特许加盟模式有一定的行业普遍性。李兢分析:"罗莱的经销商基本上都是门店的经营者。我们为经销商提供金融服务,可以覆盖所有门店,这也是新零售金融最看重的。"

经过一番调研,李兢发现,罗莱家纺经销商的传统合作模型有优化空间。

为了支持经销商的发展,罗莱家纺经常需要为优质经销商提供一定的货品赊销额度。虽然一般只占到经销商进货额的10%~20%,但因经销商总数很多,一年下来滚动资金也达到了几亿元。这对于每年网站成交金额(GMV)几十亿元的罗莱而言,依然是个不小的数字。

罗莱家纺的财务总监许琰曾跟李兢坦诚地交流了这个问题。罗莱家纺的专卖门店一般也是开在商场中,罗莱家纺的经销商在商场做生意,基本上是60~90天的回款期,再加上对账时间,商场与经销商的结算,

---

⊖ 李兢(花名:言璐),网商银行产品运营专家。2017年加入蚂蚁金服,先后从事家居、新零售、淘宝、天猫市场等多个场景的产品拓展和运营,探索供应链金融、小微企业融资领域互金产品之路。

三四个月回款都是正常的。

因此，这些货付款后从罗莱进货到门店销售或商场结算，账期基本上都很长，有时甚至要等五六个月才能收回来钱。

传统的零售模型中，从品牌总部到区域管理再到终端门店，层层递进，结算周期长是普遍现象。李兢有着一个金融从业人员的严谨做派，深入调研后，他把问题带了回来，团队于是以罗莱家纺为典型展开了重点研究。

经过几次专题讨论，最终找到的解决方案是，将罗莱家纺及旗下经销商开放的相关交易信息和财务数据输入智能化风控模型，结合行业特征进行分析，为罗莱的优质经销商提供相应的授信额度。

这样一来，在理想的状况下，经销商不需要提供任何额外材料，也不需要抵押任何资产，就可以获得一笔与自己经营状况相符的周转贷款，而罗莱家纺不仅能把沉淀在结算周期里的资金抽离出来用于产品研发和市场投放，也能实时地、更全面地掌握经销商的资金和交易状况，更好地预判市场的变化。

数据模型只是一方面，为了确保万无一失，网商银行的团队也针对性地走访了罗莱各地的经销商，上门了解他们的经营状况、贷款需求、产品体验等信息，近如江苏、浙江、湖南、湖北，远至四川、重庆、云南、贵州等地，利用所有调研收集回来的需求和信息，对风控数据模型的结果进行修正和优化。

来自湖南衡阳的经销商贺艳峰让李兢记忆犹新。当时贺艳峰的门店发展迅猛，小小的店铺已经不能承载他的梦想。不过心急吃不了热豆腐，2018年，因为开新店资金吃紧，算上租金、装修费用和人力成本，他基本上把200万元左右的自有资金全部投了进去，流动性一时紧张，货品采购的费用都无处筹措,他只好向罗莱家纺总部紧急求助,希望总部给予一些资金支持,或者先赊销一部分商品。

那时网商银行和罗莱家纺正在洽谈合作,数据接口还没有打通,于是,双方成立调研小组,一道实地考察了衡阳地区的整体经营情况。确认了实际情况,该经销商过去几年经营状况确实很好,只是由于近期开新店,资金一时周转不及。

调研回来,在罗莱家纺的协助下,李兢迅速调取了相关业务数据,模型结果表明可行,网商银行立即施以援手。贺艳峰通过了信贷资质审核,除了罗莱家纺总部给到的30多万元,还拿到了网商银行提供的45万元贷款支持,全新的多系列货品顺利上架,新店如期开张,生意也蒸蒸日上。

新零售,就是所有零售环节逐步数字化的转型与升级过程。在新零售背景下,网商银行的金融服务拥有了更多的创新空间。无论是供应链上下游的产业关系,还是品牌总部与连锁门店的合作共生关系,网商银行之所以能够快速介入其间,最基本的,都是由于进行了数字化的改造。

如今,数字化浪潮方兴未艾,从IT时代到DT(Data Technology)时代的进化和升级也远未完成。当大家把目光纷纷投向外表光鲜的大资本、大玩家的时候,网商银行虽然身处阿里巴巴引领的新零售变革之中,却更关注新零售产业链背后的最微小的经营个体。从小微企业的资金需求和融资痛点出发,业务触角由点到线、由线到面,以数据技术与金融服务助力小微企业,让其在白热化的市场竞争中胜出,在整个时代发展的浪潮中占得先机。

第三节

新金融生态

　　"新零售"的概念自提出以来，持续升温，不逊于前两年的"互联网+"。面对新零售这样一个关乎整个行业变革的大课题，阿里巴巴集团CEO张勇曾说，在走向新零售的过程中，阿里巴巴所有生态中的合作伙伴都应该发生新的反应，包括品牌商、零售商、渠道商、物流商之间的相互关系，都需要重构协作，真正带来效率的提高。

　　从2016年至今，阿里巴巴的新零售布局已由爆发的单点联动成面，继而打通融合，形成一个立体的"星系"，激发了新零售在多产业内的协同效应。而与新零售相呼应的新金融也在快速打开局面。

　　2017年4月，金晓龙在蚂蚁金服微贷事业部的全员大会上，特别谈到了网商银行新零售金融的战略调整："既然我们要做新零售，就要从供应链的角度，为客户增加额度的供给，通过核心用户批量拉动增量用户。所以今后的打法需要调整，除了基于'人'维度的普惠贷款之外，我们的打法要由点到链（产业链），由链到网（新零售之网）。同时，我们的主阵地也非常明确，就是阿里巴巴集团的商业生态！"

一条黄鱼也能借到钱

"琐碎金鳞软玉膏，冰缸满载入关舫。"

曾经大黄鱼是中国人餐桌上最普通的一道菜，然而近30年来中国沿海的大黄鱼由于过度捕捞几乎灭绝，现在一条2斤左右的野生大黄鱼甚至可以卖到2万元的天价。虽然市场上也有很多养殖的黄鱼，但是天猫生鲜数据显示，还是有许多人会搜索"野生大黄鱼"，国内没有，就去海外寻找，比如缅甸野生大黄鱼、印尼野生大黄鱼这些价廉物美的"老外黄鱼"正好填补了人们的需求。

生鲜电商们为了满足国人的口腹之欲，不惜跨越半个地球采购产品。不过，大规模、高配置的仓储和高标准的冷链物流体系、随时变化的供应价格、非标准化的产品属性等，特别是高额资金的投入和周转压力，都让生鲜电商异常艰难。

时任网商银行供应链金融服务部高级专家沈晔[一]，在2017年年初的一次客户拜访中，听3位生鲜电商集体吐槽了半小时他们如何饱受资金

[一] 沈晔（花名：铜雀），蚂蚁金服保险事业群高级运营专家。2015年加入网商银行，负责搭建了网商供应链金融体系，和团队一起探索了菜鸟仓金融、数码电子、生鲜等行业金融的业务落地。此前，曾在阿里巴巴从事电商运营7年。

之苦，临别之际其中一位客户用力握着沈晔的手，充满期待地说了一句：啥时候一条黄鱼也能借到钱就好咯。

说者有心，听者就更有心了。

其实在那之前的半年，网商银行和菜鸟一起，围绕系统线上化和数据逻辑形成闭环，已经将供应链金融方案迭代了三个版本，在电器产品行业实现了移动端借款。面对生鲜这样的一个公认难啃的硬骨头，沈晔还是决定试一试。

经历了五六轮的方案重构，沈晔和团队终于发现通过与菜鸟合作，打通企业线上线下各环节，将商流、物流、资金流、数据流、信用流"五流合一"，可以让原本只有大宗商品、数码家电才能使用的供应链金融，也能全面支持生鲜品。

2017年"双11"，困扰生鲜行业多年的资金痛点，终于因为网商银行和菜鸟合作的供应链金融，开始破冰，"一条黄鱼也能享受到供应链贷款"（见图5-4）。如今回忆起来，沈晔依然非常感慨：谁能想到一条小黄鱼，从深海游到餐桌，除了买货卖货，背后的重要一步，其实是金融服务的支持。

主营进口牛肉的比夫家人也是网商和菜鸟合作的典型案例，他们通过菜鸟提供的物流服务方案，直接降低了仓储和配送的成本。以牛排为例，在菜鸟出现前，商家平均一单的仓储和配送费用高达40元，现在，牛排在上海发本市及江浙沪地区，3公斤内货品的30天仓储、配送、包装等综合成本可降低到十几元。

此外，通过网商银行的生鲜品类供应链金融，打通物流和库存环节，大幅提高了资金的使用效率。"过去牛肉从澳大利亚运回中国，进行分割分仓，等到'双11'卖到消费者手中，几千万元的资金在里

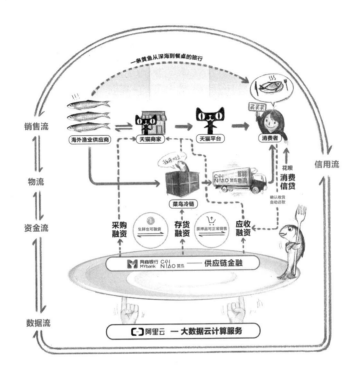

图 5-4 "一条黄鱼如何借到钱"的供应链金融流程

面要转上三四个月。"比夫家人总经理马龙说，现在用上网商银行的供应链金融后，资金周转时间就能缩短至一两个月，拿这笔钱接着滚动，的确帮助很大。

商家的资金紧张，菜鸟在2015年就注意到了，于是在2016年成立了供应链金融部门，专注为商家解决资金问题。菜鸟本身是一个物流供应链的平台，掌握了相关商家的分仓情况、库存周转等数据。基于这些数据，菜鸟联合银行和金融机构，为商家提供金融服务。这些金融服务，正是由网商银行这样的机构来承接的。

供应链金融的核心是如何将存货和金融相互匹配，并给予授信额度。在一般的供应链融资中，通常是银行围绕一个核心企业的上下游做文章。而蚂蚁金服和网商银行做的是去中心化，超越核心企业这个角色，把整个信用链路贯穿到供应链中的每一个环节，让商家真正免去担保，免去烦琐的手续，直接拿到融资款。

网商银行供应链金融项目推进两年来，为天猫商家提供最多的产品是存货融资：商家把货存到菜鸟仓以后，网商银行就可以把这部分的库存直接变现。听起来简单，背后却有复杂的逻辑和模型。

沈晔举了个例子，比如通过支付宝网购，用户如果不点击确认收货，那么这笔钱就一直在第三方账户里，但这部分资金也是商家信用的一部分。供应链金融通过打通采购、仓储、物流、销售等环节的数据，能对商家和货品有更精准的了解，从而为商家提高融资额度。

此外，与纯信用贷款相比，供应链金融不仅可以让商家获得更高额度，还能帮助商家降低大约15%～30%的融资成本。更有吸引力的是，即便做了存货融资，依然可以边销售边还款，货品出仓也不受限制，实现了"边卖边贷"，最大限度提高了资金使用效率。

"供应链金融的探索，走十条道最后都不一定能走通一条，生鲜这条路这么难，我们和菜鸟一起硬是给打通了。"一直平静的沈晔忽然闪现出了笑容。

网商银行数据显示：2017年八、九两个月，单日放款商家数最高达到14万家，仅使用订单贷款的商家就累计有275万家，而单笔贷款额度最高可达3000万元。能完成如此高额的金融服务，仅靠网商银行一家是不够的，也要依靠和其他金融机构的资金合作、资产流转等。事实上，网商银行搭建基础的数据、技术的平台，把数据和金融嫁接之后，对外开放给其他银行。大家一起去共建生态，服务整个社会的商家。

加足"马"力

当"盒区房"的概念风靡一时，这个阿里新零售的探路者——盒马鲜生已经在路上稳步前行。越来越多的消费者被盒马的帝王蟹、大龙虾等商品吸引，从菜市场、超市到餐厅，盒马满足了消费者对于新鲜的所有想象。

很多人都有过这样的体验：盒区房里，早晨起床的时候下个单，冲完凉早饭就到了。准备烧菜的时候发现没有酱油了，下个单洗完菜就送到了。下班路上下个单，晚饭甚至比人还早到家。如何才能吃得更好，吃到更新鲜的食材，盒马都给出了完整的解决方案，这也让这匹新零售中的黑马跑出了遥遥领先同行的速度。截至2018年12月，盒马就已在全国16个城市开出超过100家门店。在完成一线城市的全面布局后，开始加速下沉，加速构建全国网络。

公开数据显示，运营一年半以上的盒马门店单店坪效超过5万元，单店日均销售额达到80万元，远超传统超市，线上销售占比则在60%以上。

在盒马的高速奔跑中，盒马的四五千家供应商能否跟上这样的速度，是盒马和供应商们共同的挑战。在不断的扩店中，供应商们短时间内需要大量资金补充，这种压力可想而知。如果不能有效解决，货源稳定性不能充分保障，也会影响盒马的发展速度。

在供应商向盒马求助后，盒马找到网商银行，希望可以找到合适的解决方案。

　　为了能更充分地了解实际需求，农村金融部运营专家古雪⊖对供应商做了充分调研摸底。她发现，盒马供应商中，"贸易"类型比较多，并无实体，从传统金融方式获得资金支持并不容易。不过他们大都具备丰富的信贷融资经验，对于网商银行刚刚推出的"应收账款保理融资"业务接受度比较高。此外，让古雪充满信心的是，大部分供应商对资金灵活使用需求高，融资需求都呈现出短频快的特征，这也非常符合网商银行产品的特性。

　　与此同时，古雪与盒马产品、财务、采购等多个部门逐一沟通，对齐了所有相关细节。回到公司后，和产品、技术人员一起梳理，最终决定在提供基于采购账期的"应收账款保理融资"的基础上，再做部分针对性的定制化，然后和盒马逐步完成系统对接，让供应商进入系统后很快能够直接操作。

　　2018年7月，在与盒马完成系统对接后，产品实现了全面数据化运营。因为随借随还、快速便捷的体验，产品在盒马供应商之间快速形成了良好口碑。统计数据显示，在过去的两年时间里，使用超过50次的供应商超过10%，其中有一家供应商使用次数多达355次。

　　贸易公司恩溢谊宣负责人范之靖回忆，在古雪做调研时，他们就一起讨论过贸易公司业务状况及金融需求的特殊性，"贸易公司的业务有明显的淡旺季，以前的银行贷款一借就是一整年，这样就很不合算。"尝试了网商银行的网商贷后，范之靖感到体验不错："不仅可以随借随还，而且随着公司业务发展，贷款额度也会提升，非常及时、便捷。"

⊖　古雪（花名：新冰），网商银行农村金融部运营专家。2016年加入网商银行，搭建盒马、天猫生鲜、易果及农村淘宝的供应链金融业务，践行新金融助力新零售与新农业的产业发展。先后就职于百度、阿里巴巴、蚂蚁金服，从事战略行业研究、生态业务拓展和运营等相关工作。

后来，范之靖干脆专门组建了团队与网商银行对接。

在一次客户回访中，新玖记烧腊的负责人罗露坦诚地表达了谢意："我们珍惜每一次的额度，非常仔细地做出了支用计划，通过金融给我们带来了50%的业务额提升。非常感谢你们，跟银行打交道二十多年，终于体会到什么叫用心为小微企业服务，也想请你们看看还有没有其他产品是我们可以用的。"

在这些盒马的供应商看来，网商银行的金融服务是"陪伴式"的，让他们真正感受到了金融的温度。而网商银行独有的科技优势也仍在持续发力，随着盒马急速扩张的供应链体系，拓宽服务外延。

作为新零售的"头号玩家"，盒马正带领身后的数千家供应商探索着新零售的诸多可能，这对于网商银行的金融服务创新也提出了更高的要求。金晓龙乐于看到这种变动与挑战："我们看到了盒马鲜生场景内有店家的融资需求，有消费者的消费金融需求，也看到了盒马鲜生由于大幅的消费增长，对于上游供货基地供货稳定性的需求，这些都是金融服务需要不断去延展和覆盖的空间。"

在过去的两年，古雪几乎每个月都有一两周泡在盒马，和其各个模块沟通，了解最新信息。在她和团队的推动下，除了融资服务外，网商银行的云资金管理平台也在助力盒马生态的数字化账户体系，以提高盒马生态内资金周转和结算的效率。此外，她和团队还在探索基于法人的信用贷款，以及协同阿里集团生鲜业务线，针对全国农特产品基地的"订单农业模式"等。

网商银行与菜鸟物流、盒马鲜生等阿里生态成员之间的融合互动，孕育着更多新模式和新体验的可能，加上对外部百货、服装、家装家居等行业新金融服务探索的陆续落地，一个丰富的新金融生态体系正在逐步形成。

第六章

拥抱商业互联网

组织必须将寻找创新机会当作是自己经营活动的一部分。要把变化看作机会而不是威胁。

——彼得·德鲁克

第一节

聚焦商业平台

　　随着各大互联网巨头纷纷押注2B领域，2018年可谓是商业互联网爆发元年。在资本和市场的双重催化下，2B企业迅猛发展，迅速成为一股新的势力。"云栖大会"上马云重提"新制造"，阿里巴巴发布飞龙工业互联网平台，利用大数据、云计算、物联网助力制造业变革；马化腾公开宣称将全面拥抱产业互联网，称腾讯将借此迈进下一个20年；百度推出AI to B平台，B端业务持续延展。BAT齐刷刷向商业互联网进发，此外，京东、美团、小米也跃跃欲试——几乎所有互联网企业都在重新评估B端的价值。

　　互联网的上半场已接近尾声，下半场的序幕正在拉开。伴随着数字化进程，互联网的主战场正从消费互联网向商业互联网转移。

　　产业变革当然少不了金融的滋养，在这场变革面前，金融并不是迟钝的看客，它开始主动入场，助推产业向互联网升级。尤其，网商银行等互联网银行代表的数字金融力量，遇到行业的数字化程度越高，数字金融的渗透就会越深入。依照金晓龙的解释，商品流引领着物流、资金流和信息流，这种商业格局的变化会给整个社会产业供应链、物流和金融带来前所未有的改变。也即是说，从消费者出发，从零售出发，倒推供应链、产业链的变革，商业互联网化这个逻辑逐渐浮出水面。其实，当大家刚意识到要开始拥抱商业互联网的时候，网商银行基于对产业的洞察，已经沿着这条路默默探索了数年。

网商银行很早就关注到商业互联网化的进程，这倒并非"先见之明"，而是源于走出阿里生态的战略意图。作为一家以大数据风控能力著称的互联网银行，想要在阿里生态之外的其他行业施展拳脚，数字化是必须的前提和"抓手"。

金融业务源于阿里生态却一定不止于阿里生态，为全社会的小微企业和个体经营者提供平等的金融服务，这是网商银行的基本任务之一。

负责外部商业场景探索的商业平台业务部，在网商银行2015年成立一个月后就组建了。商业平台业务部总经理刘屹东⊖的主要职责就是，带领团队从行业维度寻找突破口，选择那些数字化程度较高或具备数字化潜力的行业，拓宽金融服务边界。

刘屹东对商业互联网领域有独特的见解，她介绍说，在一些行业驶入数字化快车道的过程中，往往会催生出各式各样的平台型服务机构，这些机构又反向支持产业的结构升级。此时，金融产品作为必不

⊖ 刘屹东（花名：屹东），网商银行商业平台业务部总经理。先后就职于中国农业银行、深发展银行、民生银行、恒丰银行，有着超过20年的银行从业经历，目前负责网商银行汽车、物流、快消、医药、旅游等行业的工作，对于商业互联网升级、产业链金融服务有深刻的洞察和丰富的经验。

可少的工具，可以帮助完善它们的服务，加速它们对各类商业场景的渗透。日益壮大的平台型服务机构，通常掌握着相关行业的大量数据画像资源，借助它们，网商银行就能事半功倍，将金融服务注入整个行业的肌体中去。

过去三四年间，网商银行凭借自身对汽车和物流行业不断迭代的理解，协同一些合作伙伴先后探索并成功落地了创新的金融服务模式，目前都已经呈现出明显的爆发态势。

汽车金融破局

万事开头难，起初，商业平台业务部只有7个人，三百六十行逐一去摸排根本不现实，在初步调查了20多个行业之后，大家最终决定先聚焦在市场巨大、发展迅猛的汽车和物流行业。

在刘屹东眼中，网商银行锤炼的数字化金融能力，正是拥抱商业互联网化的"杀手锏"，"不管是B2B场景服务，还是SaaS平台服务，都是依靠数据对接，所以我们的优势会延展到以SaaS平台数据、交易平台数据等行业化的通用数据为底层的专属信贷模型建设上。简而言之，以数据为底层的金融服务能力，将向数字化进程中的各个行业自然延伸。"

汽车工业是中国的支柱产业之一，在国民经济中占据重要地位。自2009年以来，中国一直雄踞全球汽车产销量的榜首。2018年产量达到了2780.9万辆，销量则为2808.1万辆。从生产环节，到新车流通、二手车流通，包括汽车售后市场——汽车金融作为汽车产业链最有价值和潜力的一环，想象空间足够大。

事实上，金融服务涉足汽车行业已不是什么新鲜事。2000年前后逐步有银行、汽车金融公司、融资租赁公司介入，2008年《汽车金融公司管理办法》实施。这一行业所呈现的巨大张力和千亿元规模的想象空间吸引着各汽车金融企业的追逐，在这个超级蛋糕面前，无人不想分一杯羹，人人皆希望能够成为寡头。十多年过去了，它们之中，有的已经颇具规模和影响力；有的持续发力，增长迅猛；也有的难破藩篱，出现了暂时的负增长。但从各方所提供的服务来看，基本大同小异，汽车金融产品同质化非常严重，无非是利率高低的差别。银行牌照和汽车金融牌照都受到严格监管，对新车、二手车首付比例均有严格的要求，但部分银行与汽车金融公司可拿到主机厂贴息。融资租赁公司首付相对较低，利息成本却更高一些。利息净收入成为汽车金融公司营收的最主要来源，也是衡量公司盈利能力的重要指标。

刘屹东说："依托支付宝和阿里生态的庞大客群，加上积淀的大数据风控能力，网商银行一开始投身汽车金融，就力图开创一种差异化的金融服务模式。"2016年3月优信、瓜子等汽车电商平台已经初具规模，灿谷、易鑫等助贷机构也瞄准了汽车金融。网商银行希望从中找到一个合作伙伴，而大搜车在汽车流通业的角色，有点类似于菜鸟之于物流业，它非常适合作为车商的信息底盘和金融底盘，故而，网商银行最后把目光落在大搜车身上。

彼时，中国的二手车市场仍处于起步阶段，交易双方信息不对称是常态。二手车市场讲究"一车一价""一车一况"，没有统一的行业标准。而消费者所听到的关于维修记录、事故档案、里程数的信息，都可能是假的。车况和车价的不透明，是造成消费者在交易中心存疑虑的主要原因。

　　而市场的情况是，二手车的交易量在逐年增加，2018年已经达到了1382万辆。而2017年，这一数字是1240万辆。 二手车销量的迅速增长源自人们观念的转变。在美国，新车销量差不多是二手车销量的40%，而在中国，这一数据刚好相反，二手车销量仅为新车的40%。这种情况正在发生微妙的变化，越来越多的人破除了"新车情结"，愿意去谨慎地选择一台二手车。

　　短短几年里，越来越多的玩家和资本纷纷加入：有些平台通过撮合个人对个人的交易并收取佣金，如瓜子、人人车；有些则以提供信息为主，如58同城和汽车之家；有些专注于拍卖模式，有优信拍和天天拍车；还有自己做起大车商的，如车王、优车诚品等。不过，还没有其他任何一家二手车公司像大搜车一样，选择给B端（卖方）做底层系统的。大搜车的定位类似于"汽车流通领域的阿里巴巴"，它致力于成为中国汽车交易产业链各方的引领者与链接者，打造规模最大的汽车新零售闭环生态，深度赋能汽车交易产业链。这种开放、赋能的生态基因，与阿里巴巴如出一辙。

　　所以网商银行与大搜车有高度的契合，这也是后续更深入合作的重要前提。当时网商银行提出了汽车直租，这一方向与大搜车的创始人——姚军红的想法不谋而合，双方都希望通过汽车直租模式改变汽车金融行业，同时，大搜车有较强的线下渠道优势，也需要一个针对用户的金融产品帮助其商业变现。但雄心勃勃的背后，底气却有些不足，当时网商银行的汽车金融团队既没有开发资源，也没有政策模型资源，接近于"白手起家"。

　　"当时我们借用了网商银行服务天猫汽车的'半个'开发资源完成了直租产品的研发。直租产品上线正值2016年'双11'前后，模型政策开发主要靠刷脸，那个同学中秋节和国庆节都没有休息，帮我们额外插了这个需求。" 从汽车金融负责人时清[○]的描述中，我们不难想象汽车金融业务初创期的不易。

"弹个车"出炉

网商银行与大搜车的合作，还要从蚂蚁金服战略投资大搜车说起。

那是2016年春节前，当时正好是一个雪天，负责投资的蚂蚁金服副总裁纪纲[○]顶风冒雪前去拜访，姚军红也拿出了上等的好茶热情招待。

姚军红曾是神州租车的创始团队成员、执行副总裁，2012年在北京成立大搜车，纪纲之前在阿里巴巴投资部时参与了滴滴和快的的合并。两人一见如故，相谈甚欢。

不知不觉茶叶已冲泡了好几道，话匣子一打开，他们谈了两个多小时。一番长谈过后，窗外银装素裹，寒凉如旧，室内其乐融融，茶香四溢，两个相见恨晚的人已决定联手。时年7月，蚂蚁金服与大搜车签订投资协议。

蚂蚁金服的投资对大搜车来说无异于一场"及时雨"，当时的大搜车正在忙着做车商的SaaS系统，帮助线下零售店完成数字化改造，但这套系统是免费的。按照姚军红的话说，大搜车从2014年年初到2015年9月，将近20个月，都没有完全想清楚怎么变现，只是沿着商业的逻辑在走。

大搜车的优势在于线下，借助其开发的SaaS系统，大搜车已经连接

○ 时清（花名：万穗），网商银行商业平台业务部业务发展专家。2015年加入网商银行，参与商业平台团队早期组建。曾作为核心人员，孵化并推出中国市场首款汽车直租产品"弹个车"。

○ 纪纲，蚂蚁金服集团副总裁，负责蚂蚁金服的投资事务。2016年1月加入蚂蚁金服。在加入蚂蚁金服之前，曾担任阿里巴巴副总裁，负责阿里巴巴的战略投资业务。

了全国60%以上的汽车经销商，总数超过11万家。这一系统免费对车商提供基础服务，同时，大搜车并不参与直接竞争，这对车商及汽车厂商均具有很强的吸引力。渐渐地，大搜车的SaaS系统成了大量二手车商、新车二网、4S店不可或缺的通用软件，成了车商们身体里的一部分。换言之，大搜车的SaaS系统推进了车商的数字化、在线化。

当大搜车遇见了网商银行，网商银行的数据化风控能力也能快速发挥助力。金融需要交易场景做支撑，场景拥有金融资源的分发权，网商银行与大搜车一拍即合——共创的汽车直租产品"弹个车"破土而出，与之同时面世的还有独特的"1+3"模式。时清觉得这个模式最能体现产品设计的用户视角，用户租车一年之后，拥有多种选择：可退、可买、可分期。"你可以把车退还，或者干脆全款买走，又或者选择分期，当然如果还想再租一年也行，这种模式'承包'了用户所有的需求，让他们完全没有顾虑。"

"这种产品方案既有弹性又简单，门槛也很低，允许留有一定的尾款和残值，在国内基本是首创。"时清随即举了个例子："比如买一辆20万元的车，假如采取分期购买的方式，需要20%~50%的首付，每月利息支付至少在好几千元，压力并不小。换了'弹个车'产品，同样一辆20万元的车首付只需10%即2万元，第一年月供一般就是两三千，对于个人用户而言，压力骤减。"

2016年11月15日，"弹个车"如期上线，最开始只有一款车型东风标致，但出人意料的是，产品上线第一个月的成交额就突破亿元，市场实践验证了这个产品是靠谱的，用户是接受的，模式是可行的。

此后，"弹个车"开创的"一成首付，先用后买"的新式购车方案大受追捧，线上，弹个车对接天猫汽车、支付宝，获得C端流量以及大数据风控能力；线下，弹个车采用连锁加盟方式，迅速扩张线下门店、下沉销售渠道，短短一年不到已经落地近4000家社区店，覆盖300多个城市，1800多个区县。它的更大意义还在于借助蚂蚁金服、网商银行在金融端的资源和能力，通过"先租后买"的产品创新，让更多年轻人能以更低的门槛实现他们的愿望，这也是刘屹东最看重的地方。与此同时，合作的金融机构辐射能力也大幅扩展，以往如果有人在湖南某个县城买一部车，上海的某家大银行是不大可能为他提供金融服务的。现在，"弹个车"把消费场景连接到金融服务，用户可以在线看到订单、在线进行风险评估、在线完成贷款，交易成本趋近于零。

大搜车对车商的助力，不仅在于提供货源、金融、物流、客户等服务，还包括制定服务标准，定制化特色网店。车商汪久康自从2017年10月全力经营"弹个车"之后，在第四个月就卖了80多台车，做到了浙江省第一。他觉得"弹个车"可以帮他实现一直以来的连锁梦。还有深圳的一对小夫妻，每个月可以卖掉30台车，甚至号召亲戚朋友都参与进来。

姚军红说，"弹个车"可以帮助那些有梦想的小人物。

"弹个车"将汽车新零售与服务触角深入社区，每一家店都立足于附近三公里范围内的熟人交易，通过弹个车品牌背书、加盟商自身在社区内的信誉背书，以及高品质的服务，与顾客建立了信任关系。同时，依托"弹个车"卓越的供应链整合能力，将开店成本压缩到最低，创造出了更高的坪效。至于蚂蚁金服、网商银行，主要是起到链接金融机构资金、大数据风控、以及支付宝代收代付的作用，为个体用户及平台提供申请、审核、放款、还款等全线上化、数据化便捷的解决方案。

"我们能够对'弹个车'的用户做秒级的信用评价，为用户提供所见即所得的授信方案，所以才能够顺利支撑这个产品落地，这是非常关键的一点。"刘屹东说。

网商银行与大搜车的合作打通了汽车交易场景与金融服务需求，车商的场景利用率大幅提升，金融服务的范围迅速扩大，而车商、个人消费者与金融机构的连接成本则显著降低。"我们是数字化的公司，希望做纯线上的产品，把用户的体验做到极致。但大搜车之前没有金融属性，不具备这个能力和基因，大搜车的金融属性是蚂蚁金服给我们补上的，特别是网商银行。"大搜车副总裁刘昊对网商银行的助力评价甚高，因为双方的合作，金融机构可以通过大搜车的系统一站式解决获客、流程管控问题，包括在线放款，为用户提供最佳金融服务方案；每个用户也可以非常方便地触达所有金融机构。

于是，一个符合互联网精神的"平等权利的普惠市场"诞生了。从此，一家在偏远山区的小店与一家在杭州的4S店拥有的供应链资源几乎是一样的。他们平等地连接各式各样的厂商、金融机构以及金融服务。

天猫"开新车"

与大搜车的合作验证了汽车金融模式的可行性，转眼已是2017年1月，网商银行随即会同天猫汽车的团队共创了一个天猫平台的自主品牌——开新车。

"那年的一二月份，我们做了整个项目的关键点梳理，包括产品怎么实现，残值尾款怎么安排，交易链路和资金链路怎么设计，资金哪里来等。然后在2017年的4月，天猫'开新车'品牌就上线了，现在这个产品已经发展成为国内最大的直租品牌。"尘埃落定，时清愈显平静。

"开新车"上线之后，天猫汽车、网商银行先后与神州汽车、花生好车、来用车、赢时通等多家平台展开合作。"汽车金融业务也在当年的'双11'集中喷发，'双11'期间通过直租租出去10275台汽车。2018年'双11'期间这个数字变成了20444台。"时清的记忆精确到个位数，更让她欣喜的是"开新车"对于天猫的里程碑意义。过去，天猫一直没有办法把整车作为标准化商品和服务在线销售。"开新车"的推出改写了历史，核心原因在于用金融的方式打造了一个确定的售车方案，这样客户就能在线上获得标准化的产品和服务，免除了以往交易环节的溢价干扰，也规避了对主机经销体系利益的触碰。

网商银行汽车金融的发展历程，脉络简单而清晰。从2016年11月与大搜车合作，到2017年4月天猫自主"开新车"品牌上线，这是网商银行汽车金融业务从0到1的过程。这个阶段的尝试，验证了在线汽车金融服务的可行性。2018年实现了从1到10的跨越，到了2018年在线汽车金融服务完成19万台。汽车金融业务似乎也成了一台马力十足的跑车，它在这个全新的赛道上飞驰，一再刷新自己的最好成绩，改变着越来越多人的生活。

德鲁克说互联网的核心要义就是消除距离，提高效率。在汽车金融领域，金融与产业的深度融合正在改造现有的金融业务，场景、信息和技术的开放共享，催生出金融之外更多的新商业生态的形成，表现出金融科技助推商业互联网化的强大力量。而这种力量，也在消除低效的资源配置，在通往"普惠金融"的路上。

2018年以来，天猫汽车顺应新零售的布局，开始向三四线城市渠道下沉，重点服务"二网"客户。所谓"二网"主要是三四线城市的汽贸店，这个群体在中国大概有10万家。对于它们，网商银行和天猫汽车的金融服务主要从两个方面入手：联合国内最大的经销商集团广汇汽车，为这些汽贸店解决车源问题。联合大搜车为它们定制SaaS系统，加速汽车产业的数字化，从而建立起囊括账户、支付、理财、融资等服务的汽车金融生态。

刘屹东相信未来的金融一定是和产业融合的，"在加速互联网化、数字化的汽车产业，我们也看到这种趋势，消费金融和供应链金融都有着广阔的前景。"她说，金融科技的巨大潜力在与阿里巴巴电商体系的协同融合中已经发挥得淋漓尽致，而中国的汽车行业是四万亿元的市场，现在整体的金融渗透在30%左右，就是一万多亿元，将来这个产业还会继续扩容，对比美国汽车金融80%的渗透率，精彩的故事还在后头。

第二节

物流金融进行时

　　在中国经济转型升级的背景下，各行各业都在经历着一场以数据驱动为主题的大变革。面对商业互联网的汹涌浪潮，网商银行早已在快消品、汽车、医药、旅游等行业提前布局，主动投身其中。除此之外，他们还发现了另一片蓝海。近年来物流行业异军突起，已经发展为国民经济的支柱性产业。它形同一片开阔的跑马场，其整体市场规模多达十几万亿元，占据中国GDP的15%。

　　2017年8月17日，国务院办公厅印发《关于进一步推进物流降本增效促进实体经济发展的意见》，从七个方面提出了27项具体措施，部署推进物流降本增效的有关工作。在这个重要的政策文件中，物流、数据、金融这三个关键词之间的逻辑关系被清晰全面地诠释出来："鼓励银行业金融机构开发支持物流业发展的供应链金融产品和融资服务方案，通过完善供应链信息系统研发，实现对供应链上下游客户的内外部信用评级、综合金融服务、系统性风险管理。支持银行依法探索扩大与物流公司的电子化系统合作。"

物流金融的浪潮汹涌而来，各方巨头均开始对其布局，网商银行也不例外。网商银行希望以新金融服务新物流，投身于物流行业的金融解决方案中，让新物流促成高效供应链的生成和完善，从而实现新零售与新商业服务模式的改变。比如，以云资金账户系统促进物流行业数字化，为行业中的平台型商家提供SaaS系统研发支持，专门为物流行业打造基于"310模式"的网商贷产品——运秒贷，从而将金融服务更深入地渗透到产业中，让互联网技术的能量融入物流行业的肌体。

物流金融的多年探索，终于在2018年年底迎来了转折点，网商银行与中交兴路的合作，是金融科技与物流的第一次深度融合。金晓龙曾说，物流和金融都是为商业服务，这一过程中，新物流将成为所有产业的底盘，助力新商业的快速发展。

物流公司"+互联网"

"千里走单骑"的货运司机成为网商银行耕耘物流金融领域最直接的受益者。众所周知，公路物流作为中国物流的主力军，承载了77.5%的货运量。然而，物流行业的效率提升一直受"小、散、弱"布局的制约，占据行业近九成的中小微物流企业和从业者，虽然享受了国家降本增效的政策红利，但其对于物流服务和金融服务的需求并没有被很好地满足。

王永坡就是众多货运司机中的代表。他皮肤黝黑，体格精壮，脸上总是挂着朴实而热忱的微笑，跑了十多年长途货运的他，如今已经组建了一支自己的车队。他说，网商银行的服务为他带来的不仅是便利甚至是安全。

"以前，跑一趟货一般得一两周，路上要交各种过路费、油费，会随身带很多现金，最怕的就是睡觉的时候有人来偷抢，很多时候累了就在路边用冷水毛巾擦下继续赶路。"这种情况在网商银行的帮助下有了改变。两年前他通过网商银行和众卡平台⊖的帮助，办理了路上缴费的专用卡，他说："从此再也不用带现金，也不怕有人来偷抢，现在还有了自己的车队。如今一路上心里踏实多了，感觉生活也更有奔头了。"

王永坡的幸运可以回溯到2017年3月网商银行与安能物流（众卡运力）的合作。当时双方不仅为安能物流平台所属的司机提供了缴费专用卡，便利了司机朋友的缴费流程，而且安能物流还针对承运商和个体司机推出了"回款宝"，这款自保理产品操作简单，让个体司机、承运商承运后能提前收款，后来也被应用到了许多物流平台上。

回顾物流金融刚起步的时候，刘屹东说，2016年和2017年，网商银行曾经尝试与大型物流平台对接，通过平台获客，以合作平台掌握的数据为物流网点、车队和司机提供金融服务。

起初物流金融团队的同学斗志昂扬、热情饱满，目标直接冲着行业的头部企业去了，锁定"四通一达"，想要一口吃成大胖子。结果这些大公司需求很多，业务也很复杂，网商银行只是初来乍到，业务能力还跟不上，反倒"无从下口"。

⊖ 众卡运力前身是安能物流的众卡事业部。

那时候网商银行的产品还比较单一，即便是外部合作，大家也希望所有产品都像自己做贷款那样，可以通过大数据风控，做到"310模式"，但几年前行业内基本上没有哪家平台企业能够提供充足的数据。

几经周折，他们找到了运满满⊖，它的旗下有很多司机，同时也已在实施车货匹配。网商银行就希望借助司机的接单数据、拉货数据给他们做一些大数据风控下的金融服务。2016年6月24日，网商银行与运满满达成合作为首个货车司机提供贷款服务。

但遗憾的是，受制于有限的数据信息，合作并没有大规模铺开。因为这些司机大多流动性很强，也不经常使用支付宝，所以网商能够绘制的画像十分模糊。至于合作平台上的数据也比较单薄，很多司机在平台上一个月就接一两次单。

这种情况很难展开有效的金融服务。刘屹东旋即带着团队不断寻找新的平台。特别是加盟型快递、快运企业以及无车承运人平台⊖，从这些平台下属的快递网点挖掘融资需求。2016年10月，网商与百世快递、优速物流、卡行天下等平台合作的产品相继上线。这些合作的模式大体相仿，遭遇的难题也大致雷同，因此一时之间还未能在物流金融领域达成想要的预期。

就在当年年底，马云提出了包括新零售、新商业、新金融在内的"五新"概念，预见性地对行业变化趋势做出了判断。这无疑也对物流金融提出了更高的要求。

⊖ 2017年11月，运满满与货车帮宣布战略合并，成立满帮集团。

⊜ "无车承运人"是由美国truck broker（货车经纪人）这一词汇演变而来，是无船承运人在陆地的延伸。指的是不拥有车辆而从事货物运输的个人或单位。它可以作为类似物流公司的角色去承运上游的货物。然后，将货物分派给其他司机运输，它负责向上游开发票。开完发票，即可凭开票明细获得税务局返税。

"消费者对于物流服务的体验是最直接，也是最敏感的。新零售时代，是消费主权的时代，企业与消费者的交互、交易模式都要发生变化，进而要求供应链的转型、重构与升级。"刘屹东意识到，在这个背景下，物流行业是首当其冲的，因为供应链升级的背后需要效率更高、流程更透明和成本更低的物流体系支撑。

"效率更高体现在车货匹配的能力、车辆管理的能力、运输安全的管控，包括最后一公里的服务；流程更透明体现在从仓到配数字化的建设、货物的追溯、标准化流程的建设；成本更低则包括智能化的仓储、行业标准运价的建设。"在刘屹东看来，新商业、新零售的变化会对物流产生几个趋势性的改变：一是配送的方式可能从原来的少批次、低时效，变成与消费端即时互动的多批次、高时效模式；二是在仓储方面，将由大仓、靠近生产端，转变为中小仓、靠近消费端；三是从干线运输的情况来看，组织体系、资源配置和过程管控都是升级的方向。

业界普遍认为物流企业规模效应不明显，不像一般生产性企业，固定成本随着经营规模扩大而分摊。对物流企业来说，车队规模扩大边际成本相应增加，但是现在可以用互联网的方式、数字化流程来优化管理体系，将形成一种网络化的规模经济。

当然，即便有技术进步这个酵母，物流产业的互联网化仍然尚在途中。短时间内，整车市场、干线市场、快运市场可能不一定出现特别大的车队经营主体，不过在生产服务商里面，有些头部企业已崭露头角，比如仓储系统服务商、无车承运人平台、物流园区服务商等。通过服务平台的整合，将有力支撑实体运输的主体，从而提高效率。

如同汽车领域的变化，这些新兴的平台型服务机构与物流产业的互联网化是相辅相成的，它们是产业升级的受益者，也是推动者。在这个

"三板斧"的思路表明网商银行致力于构建物流金融的服务生态，以生态的力量重塑服务逻辑。行业的数据化程度不够高，就主动助推其数据化。行业的金融服务难度大，就把金融服务嵌入企业的实际生产经营场景里。行业缺乏龙头企业，就把它们都聚集起来，用支付宝来搭一个平台，让它们在这个开放平台上做业务、享受服务。

物流金融领域是一片广阔的蓝海，网商银行无意孤舟远泊，它期待联手更多的金融伙伴，分享数据积累、数据分析、策略建设的能力，为广大资金方提供一个底盘，让伙伴们能够放心地把资金注入到物流行业。需要的时候，它还可以作为"担保人"提供一定的风险缓冲。一枝独秀不是春，百花齐放春满园。当更便宜的资金顺利流向物流行业，商业互联网化指日可待，那份成就和荣誉将由参与者共同见证。

有"迹"可循

2018年年底，网商银行着力构建的物流金融生态迎来了一个强大的盟友。

12月4日，以"运WE来"为主题的"中交兴路·蚂蚁金服战略合作发布会"在北京举办。会上，公路货运智能服务平台中交兴路宣布完成了由蚂蚁金服领投、北京车联网产业发展基金跟投的7亿元A轮融资，以及与网商银行共同打造以"物流+科技+金融"为核心的一站式创新服务——路金计划。

中交兴路自2014年开始积累公路货运大数据，入网车辆570万台，平台覆盖全国31个省份，掌握包括重载货车的动静态数据、日轨迹数据等重要资源。

如何将海量数据画像变为可用的信用数据？业务团队和风控团队一起开会十多次，终于找到办法实现了转化，让大数据风控模型顺畅地跑了起来。

2017年，中国已成为世界第一大公路运输市场，而公路货运物流又是中国物流的主力军，承载了77.5%的货运量，市场规模超过5万亿元。然而，我国物流行业一直受"小、散、弱"的布局制约，重卡的平均月公里数不足8000公里，仅为发达国家的25%~50%。从业人员也面临着收入低、安全系数低等行业困境及风险，这种暗流涌动的局面仿佛阴晴不定的天色，正在等待一场重大的改变。

在物流领域，货运司机或大车队都可以看作是一个小微企业，也许一个货车司机养家糊口靠的就是这台货车，但是受困于经营成本高、揽货账期长、资金占用大、融资难等难题，大部分"小微企业"长期面临着极大的生存压力。

这个时候，"路金计划"直击行业痛点，在加快物流的数字化、智能化、可视化和精细化升级的同时，也为小微物流从业者提供更加便捷、实惠的一站式服务。同步上线的"路金计划"第一期产品"物流一账通"，作为一个支付宝的小程序，以货运车辆海量大数据为基础，以柴油消费、过路消费为核心场景，针对货运群体的资金周转问题，面向个人用户及物流企业提供柴油专用卡（垫款加油）、高速ETC卡（先通行后付费）、网商贷（小微企业经营贷）服务。

"中交兴路将始终秉持开放共赢的原则，携手蚂蚁金服，以数据驱动公路货运行业服务创新、金融创新，致力于成为公路货运行业科技创新发展的助推器，行业融合发展的连接器。"中交兴路董事长夏曙东说道。

　　此前，网商银行已针对物流行业推出了"运秒贷"产品，让物流小微企业享受全天候"310"的融资服务。此次与中交兴路合作，依托场景和数据，打造以"人+车+场景"为核心的风控模型，再度提高了服务的覆盖率和精准度。

　　在金晓龙看来，网商银行愿意助力中交兴路等物流行业中的各类平台，并利用网商银行的账户体系、交易结算、资金管理和风控能力，与行业平台一起深入各个场景，共同为物流小微企业服务。"我们将开放物流行业中的金融场景，持续携手金融机构，共同为物流小微企业提供更多普惠金融服务。"

过程中，它们的金融需求被唤醒了，金融像水，善利万物，它们需要金融产品来增强自身的服务能力，也为金融机构贡献了丰富的场景资源，各取所需，互相成就。

在这种思路下，网商银行的业务格局进一步扩大。那两年，一线拓展业务的同学几乎把所能接触到的行业内的客户都了解了一遍。物流金融负责人吴锐骁⊖对此印象颇深："包括大车队的、园区的、快递、快运、零担网络、末端网点、落地配、无车承运平台，还有做SaaS的，做轨迹数据的，等等。然后，我们依托这些平台内的场景，依托它们对供应链的把控力提供'平台贷'产品。"怎奈物流行业的离散程度实在太高，尽管联合了许多头部企业，可是十几个平台，最后也才服务两三万个客户。

因此，携手各大物流平台企业的同时，网商银行也尝试调动蚂蚁生态的力量。2017年9月，蚂蚁金服、菜鸟物流、网商银行联合宣布面向中小物流公司开放支付、金融、信用、营销等一系列的能力，助推中小物流公司的"互联网+"进程。

乌镇特别会议

物流产业的互联网化进程并非朝夕之功，金融机构对物流行业的服务尚有巨大的潜力等待开发。2017年，我国社会物流总费用12.1万亿元，其中公路运输6.6万亿元。这个领域有着80万家中小物流企业及

⊖ 吴锐骁（花名：观青），网商银行高级业务发展专家。2013年加入蚂蚁金服，先后服务过公交、机场、商圈、餐饮等多个行业。2016年加入网商银行，深耕汽车、物流行业。

3000万个体司机为生产企业、商业企业以及其他物流需求者服务。整个行业正在逐步采用互联网、智能化管理技术，提高服务效率和管理能力。

金融这支产业升级的"催化剂"到底从何注入，网商银行的物流金融团队对此进行了全面的复盘。物流行业的金融需求方多为小微企业，它们的特点是规模小、数量多且分布离散，抵押物稀缺、数据化程度低、经营利润率薄，使得我国物流领域小微企业一直饱受融资贵、融资慢、融资难的困扰。

可是从传统的角度看，物流行业充斥着小而分散的客群，用正常的分析手段根本无法解决风控问题。何况物流行业没有充分的风险抵押物也就罢了，财务报表也难言可信度和专业性。更有甚者，如果要分析实际控制人的话，基本无从打听可靠消息或者对它进行动态了解。

总之，除了少数仓储质押融资，传统金融方式对物流行业的支持往往还漂浮在大型物流企业的款项上。显而易见，这个行业目前的金融满足度，金融助力行业效率提高和结构升级的力度还远远不够。

殷鉴在前，是时候请物流行业各位巨头坐下来好好地谈一谈了。

2018年4月21日，江南仲春，万物生长，仿佛预示着崭新的局面正在酝酿。时任网商银行副行长的金晓龙会同蚂蚁金服投资部的同事，邀请了安能物流、天地汇、维天运通等物流头部企业负责人，召开了一场小微物流金融研讨会。地点就选在白墙黛瓦之中，小桥流水之畔的乌镇通安客栈。

金晓龙首先提议就公路物流的发展现状与趋势进行分析，厘清物流行业参与主体、业态分布，特别是对中小物流企业的经营空间、盈利模式、发展前景及小微物流金融需求做研讨，看看如何提供更优质的金融服务：

"我国物流行业一直呈现出小散弱的特点，希望参会嘉宾与我们一起判断，这个特征是否会长期持续。如果会长期持续，则其原因是什么。如果不会持续，那么展望下一个发展阶段，物流行业理想的运行模式是怎样的，需要在哪些环节上提高效能、优化组织、重塑格局以完成行业的演进。最后生存下来的小微物流企业需要具备哪些特质，其经营模式会发生哪些变化，互联网及金融会在这样的变化中起到哪些作用。"

在金晓龙开场发言后，与会的企业家根据企业自身发展情况，分享了对物流行业发展趋势的判断。比较集中的"槽点"是，小微物流企业由于操作规范性弱、运行数据不透明等因素，难以从银行等金融机构获得资金支持。

聆听了大家的发言后，金晓龙坦言网商银行作为一家数据驱动的银行，在物流行业的产品模式和能力建设自然也应该从数据起步。今后要着力"构建行业大数据底盘，打造物流行业化模型"。在物流领域，同样要让所有金融产品都做到即来即用，随借随还，乃至1秒钟放款。将这种能力嵌入到场景里，满足不同场景多种模式的金融需求。换言之，网商银行将升级物流金融服务，以车为核心，建立以车为要素的全生命周期金融服务，逐步提供涵盖小微物流、加油费、通行费等事项的供应链金融服务。

他还透露，网商银行依托蚂蚁金服生态的整体力量，主推"投贷联动"模式，除了提供一般性的金融产品和服务，还会推荐一批优质的物流企业作为蚂蚁金服的投资对象，全方位助力物流行业的变革。

物流金融"三板斧"

乌镇特别会议后，根据金晓龙对物流金融的整体战略布局，刘屹东带领团队深入研讨了物流金融业务发展的具体打法，最终总结为颇具新意的"三板斧"。

"第一板斧"就是网商银行的"云资金系统"，主打资金管理能力。物流行业的收付结算是个痛点，针对这种情况，网商银行把资金管理的方案与平台型企业进行对接，为平台型企业提供资金结算方案。

这个业务有巧妙的结构化设计，对平台型企业、平台上的资金管理有了清晰的对账和规范化管理，它还能据此突破边界去了解体系内物流企业的动态，形成更大的数据积累。网商银行基于平台上的"交易+资金管理"，就能把资金流和商流结合起来，把融资服务叠加进去。

"第二板斧"是网商银行最拿手的数据驱动的授信和融资能力。有了行业数据的沉淀以后，针对不同的客群形成差异化的策略模型，从而制定总体的额度，进行定向或非定向的支付。策略模型涵盖了物流企业和个体车主。

"第三板斧"是场景驱动能力。将数据化授信的决策能力也能输入到各个场景去，例如货车贷款，可以输入到ETC场景、油卡场景、保险场景。结合金融能力和场景，从而推出体验更佳的产品。

刘屹东深知，网商银行的能力建设其实是力求基于小微经营主体全生命周期的需求形成个性化的产品。这些产品的逻辑则是多样化的数据、场景化的设计。惟其如此，金融的服务才能成为小微经营主体的抓手，走向行业的纵深。

　　"三板斧"的思路表明网商银行致力于构建物流金融的服务生态，以生态的力量重塑服务逻辑。行业的数据化程度不够高，就主动助推其数据化。行业的金融服务难度大，就把金融服务嵌入企业的实际生产经营场景里。行业缺乏龙头企业，就把它们都聚集起来，用支付宝来搭一个平台，让它们在这个开放平台上做业务、享受服务。

　　物流金融领域是一片广阔的蓝海，网商银行无意孤舟远泊，它期待联手更多的金融伙伴，分享数据积累、数据分析、策略建设的能力，为广大资金方提供一个底盘，让伙伴们能够放心地把资金注入到物流行业。需要的时候，它还可以作为"担保人"提供一定的风险缓冲。一枝独秀不是春，百花齐放春满园。当更便宜的资金顺利流向物流行业，商业互联网化指日可待，那份成就和荣誉将由参与者共同见证。

有"迹"可循

　　2018年年底，网商银行着力构建的物流金融生态迎来了一个强大的盟友。

　　12月4日，以"运 WE来"为主题的"中交兴路·蚂蚁金服战略合作发布会"在北京举办。会上，公路货运智能服务平台中交兴路宣布完成了由蚂蚁金服领投、北京车联网产业发展基金跟投的7亿元A轮融资，以及与网商银行共同打造以"物流+科技+金融"为核心的一站式创新服务——路金计划。

　　中交兴路自2014年开始积累公路货运大数据，入网车辆570万台，平台覆盖全国31个省份，掌握包括重载货车的动静态数据、日轨迹数据等重要资源。

如何将海量数据画像变为可用的信用数据？业务团队和风控团队一起开会十多次，终于找到办法实现了转化，让大数据风控模型顺畅地跑了起来。

2017年，中国已成为世界第一大公路运输市场，而公路货运物流又是中国物流的主力军，承载了77.5%的货运量，市场规模超过5万亿元。然而，我国物流行业一直受"小、散、弱"的布局制约，重卡的平均月公里数不足8000公里，仅为发达国家的25%~50%。从业人员也面临着收入低、安全系数低等行业困境及风险，这种暗流涌动的局面仿佛阴晴不定的天色，正在等待一场重大的改变。

在物流领域，货运司机或大车队都可以看作是一个小微企业，也许一个货车司机养家糊口靠的就是这台货车，但是受困于经营成本高、揽货账期长、资金占用大、融资难等难题，大部分"小微企业"长期面临着极大的生存压力。

这个时候，"路金计划"直击行业痛点，在加快物流的数字化、智能化、可视化和精细化升级的同时，也为小微物流从业者提供更加便捷、实惠的一站式服务。同步上线的 "路金计划"第一期产品"物流一账通"，作为一个支付宝的小程序，以货运车辆海量大数据为基础，以柴油消费、过路消费为核心场景，针对货运群体的资金周转问题，面向个人用户及物流企业提供柴油专用卡（垫款加油）、高速ETC卡（先通行后付费）、网商贷（小微企业经营贷）服务。

"中交兴路将始终秉持开放共赢的原则，携手蚂蚁金服，以数据驱动公路货运行业服务创新、金融创新，致力于成为公路货运行业科技创新发展的助推器，行业融合发展的连接器。"中交兴路董事长夏曙东说道。

　　此前，网商银行已针对物流行业推出了"运秒贷"产品，让物流小微企业享受全天候"310"的融资服务。此次与中交兴路合作，依托场景和数据，打造以"人+车+场景"为核心的风控模型，再度提高了服务的覆盖率和精准度。

　　在金晓龙看来，网商银行愿意助力中交兴路等物流行业中的各类平台，并利用网商银行的账户体系、交易结算、资金管理和风控能力，与行业平台一起深入各个场景，共同为物流小微企业服务。"我们将开放物流行业中的金融场景，持续携手金融机构，共同为物流小微企业提供更多普惠金融服务。"

第七章

农村金融拓荒

要成就一件大事业，必须从农民做起。

——列宁

第一节

中国式解决方案

2017年7月，罗马暑气正盛，地中海的暖风穿过威尼斯广场，并无逗留之意。陈嘉轶[⊖]站立在一栋灰白的大楼上，眺望无尽延伸的建筑，目光最终落在广场东南角粗粝的古罗马斗兽场。举世闻名的罗马斗兽场如今只是一片断垣残壁，但从高耸入云的城墙之上似乎依然可以窥见当年的喧嚣、嘶喊与惊心动魄。谁也不能否认，斗兽场构成了罗马文化不可或缺的部分，它像一颗种子，在这片土地上繁衍生息。如同那则古老的预言所述"几时有斗兽场，几时便有了罗马"。而今天，陈嘉轶带来的是另一颗种子，与斗兽场的坚硬与激荡相比，这颗种子温暖而柔软。

⊖ 陈嘉轶（花名：可桢），蚂蚁金服国际事业群跨境业务运营总经理。2015年加入蚂蚁金服集团，先后担任农村金融事业部总经理，国际事业群跨境业务运营总经理。在加入蚂蚁金服之前，曾任职于新加坡淡马锡集团、中银富登村镇银行、澳洲联邦银行，在中国、印度、印度尼西亚、马来西亚等多地有近10年小额信贷相关经验。

此刻，陈嘉轶的内心思绪万千，她回想起十多年前第一次来到欧洲，中西方发展面貌的巨大反差带给她的强烈冲击，她想到此时此刻自己来到这里的使命。不错，这一次她是代表蚂蚁金服来参加联合国粮农组织主办的全球"投资日"大会，她要向全世界分享蚂蚁金服过去3年服务农村的实践经验。

当地时间7月13日，联合国粮农组织主办的全球"投资日"大会如期召开，中国农民的故事成为讨论的焦点。陈嘉轶在大会上介绍了蚂蚁金服服务农村金融的三种模式：数据化310模式、"线上+线下"熟人模式、供应链金融模式。这三种模式激活了农民的信用，让农民也和城里人一样，享受到同等的金融服务。陈嘉轶分享了蚂蚁金服和网商银行在技术、数据，以及结合生态的力量上所做出的努力。她说，"我们希望用金融助力产业革新和消费升级，让'三农'用户获得普惠、便捷、可持续的金融服务，进而让消费者享受到放心、安全、可靠的农产品。"作为农业大国，陈嘉轶和网商银行团队的努力显得更加具有现实意义，来自中国的创新之举赢得了国际友人的热烈回应，联合国粮农组织高级经济学家Carlo Bravi当场表示蚂蚁金服和网商银行的数字化金融模式，是世界农村金融的大势所趋。

这一刻，陈嘉轶觉得，短短数年，恍如隔世。十年前，陈嘉轶刚刚从事农村金融的推广工作，那个时候的她还在大力寻找他山之石，引进别国的经验，她去了印度、印尼、马来西亚轮岗，再回到成都、北京实践，那个时候她想得最多的，是如何把国外的经验本土化；十年后的今天，她登上了联合国的舞台，向全世界输出中国的成功经验。十年的剧变，让她感慨万千："这是在中国经济快速发展的车轮下，新技术新金融所带来的机会，也是我们农村金融团队所有同学一起努力的成果。"

拓荒农村金融，遇到的最大的瓶颈往往就是信用记录极其薄弱和抵押物的匮乏，这也是一个全球性的难题。陈嘉轶和网商银行同仁们的农村金融拓荒之旅同样历经波折。自2015年启动以来，从最初依靠阿里生态的数据化信贷模式，到与农村金融服务公司共同推广"线上+线下"联合贷款模式，然后寻求与农业龙头企业合作立足供应链提供授信，进而演化为数字化的产业融资模式。直到2017年6月，他们终于找到了业务突破口——"普惠金融+智慧县域"的合作模式，并成功在全国范围内广泛落地，为中国农村金融领域贡献了一种全新的解决方案。

路漫漫其修远兮

农村金融的困境众所周知，农村经营者的金融需求长期被忽视或漠视，他们中的绝大多数人甚至从来没有得到过及时的金融服务。

数据显示，2016年农村居民消费规模为6.43万亿元，约为1997年的4.3倍。与消费规模大幅增长相对的是，农村金融发展迟缓。至2017年年底，全国涉农贷款余额30.95万亿元，同比增长9.64%，低于人民币贷款增速3.56个百分点。从社科院发布的《"三农"互联网金融蓝皮书》中赫然可见，我国"三农"金融缺口资金超过3万亿元。农村金融"最后一公里"迟迟无法打通。农村消费迅猛增长，金融需求嗷嗷待哺，但金融供给后劲不足。这种不足既有供给总量的原因，也有供给结构的问题。

就现实情况看，农村金融往往融资规模小，农户信用又难以在征信系统中体现，每一笔贷款都要有详尽的线下尽调流程，因而单位管理成本很高，传统的银行体系多不愿涉足。根据天风证券2018年的行业研究报告，银行在乡村铺设一个网点的成本每年接近171万元，因为成本较高，一方面大型商业银行在乡镇地区设立营业网点的意愿较低；另一方面地方性金融机构为了加强内控管理、降低运营成本、提高经营效率，撤销了部分营业网点，造成了乡村地区营业网点的增长停滞。所以，乡村地区金融机构主要以农商行、农信社和邮政储蓄银行为主，但邮储银行主要在大的乡镇设立网点，在一些偏远落后、经济不发达、消费能力不强的地区很少设立营业网点，仅有邮政代办点。加上农业生产本身的高风险属性、银行的低风险偏好使得农商行及其他农村金融机构投向农林牧渔和农户领域的贷款，多是以大型农场、龙头农业企业为主。在"三农"领域，银行贷款"锦上添花"的意义仍然多过"雪中送炭"。受农村普遍缺乏的担保资源等因素制约，涉农贷款风险高、回报率低，这都严重影响了金融机构放贷的意愿度，成为打通农村金融"最后一公里"的最大障碍。

根据网商银行农村金融部总经理彭博⊖的介绍，农村地区商业环境非常特殊、基础设施薄弱，为了最充分、最有效地释放网商银行积淀的线上能力，他们的农村金融团队进行了持续数年的探索。

2015年6月网商银行甫一成立，次月就推出了"旺农贷"产品，组建了农村金融业务团队。因为服务"三农"一直是阿里巴巴的战略重点，所以网商银行的农村金融服务一开始便搭上了阿里巴巴农村战略的顺风车。

⊖ 彭博（花名：居睿），网商银行农村金融部总经理。2012年加入蚂蚁金服，负责国际业务运营、金融机构战略合作等工作，擅长品牌与公关、战略发展、互联网产品规划管理。曾供职于长江商学院。

2014年10月，第一届浙江县域电商峰会在阿里巴巴西溪园区举行，阿里巴巴集团CEO张勇正式向社会发布了阿里巴巴的农村战略，计划以电子商务平台为基础，改造农村基础设施，开设农村服务站点，并发展农村淘宝合伙人，实现"网货下乡"和"农产品进城"的双向流通，让互联网成为小村庄与外界联通的桥梁。这一年，阿里巴巴宣布启动"千县万村计划"——未来3~5年内，阿里巴巴集团将投资100亿元，建立一个覆盖1000个县、10万个行政村的农村电子商务服务体系。

网商银行农村金融团队立马抓住了阿里巴巴"千县万村计划"这个切入口。诺贝尔经济学奖得主舒尔茨曾说，改造传统农业的关键是为农业引入新的资源要素，网商银行的策略可谓深得其中要领。一方面，为农村用户开通线上支付通道，满足他们线上、线下购买生活、农资产品的支付需求；另一方面，将金融服务与农户需求对接，满足农户的日常消费、农资购买的信贷需求。

当然，农村市场固然广阔，却长期缺乏交易数据和信用体系，即便有了阿里巴巴的"好风借力"，网商银行仍然无法"一个人去战斗"，它需要合作伙伴。最初的探索中，网商银行找到了中和农信⊖和中华保险⊖。中和农信在农村小额贷款领域有着20多年的丰富实践经验，并且拥有为数不少的农村信贷员，他们熟悉当地农户情况，可有效帮助判断、评估借款人的还款风险。这些熟人的作用就相当于"风控"，让熟人的线下触达能力与蚂蚁金服线上数据相结合，可以降低坏账的发生率。网商银行的线上优势结合中和农信、"村淘合伙人"的线下力量，

⊖ 中和农信项目管理有限公司，由中国扶贫基金会于2008年年底设立，专门负责管理和实施全资组建，专注于小额信贷扶贫项目的管理和拓展。

⊖ 中华保险成立于1986年，是国有控股的、中国保监会列入保险集团管理的保险控股公司，开展农业保险30余年，是我国农业保险的先行者和财政补贴型农险试点工作的主要承担者。

就形成了"线上+线下熟人"的模式。扬长避短之余,不足之处也是显而易见,通过线下的人工开展信贷业务毕竟效率有限,边际成本也比较高,难以规模化复制。

至于中华保险的角色,是为网商银行的农村客户提供履约保证保险、农业保险、农资品质保险等在内的综合保险服务,从而为农户增信,用险企的资本金放大出借方的杠杆。贷款与保险挂钩,终究约束了贷款的放量,因而也不容易快速大面积推广。

此后,网商银行尝试与农村规模化的"新型农业主体"(即大型种、养殖户)合作,开展产业金融服务。这个阶段吸收了以往供应链金融的经验,将新型农业主体的供应商、制造商、分销商、零售商和终端用户视为一个整体,借助龙头企业对于中小合作方的了解,网商银行可以制定出系统性的融资安排。不过,这种产业金融模式许多银行也都在做,并不算是一项新的探索。

马云对网商银行农村金融业务曾有20字寄语,"普惠理念、公益心态、商业原则、技术手段、生态力量"。如何更有效地把金融服务深入到农业产业中去,深入到农业生产的各个环节中去?如何形成生态的力量?初期的探索和实践让网商银行对农村金融服务有了新的认识,网商银行根本的优势还在于大数据风控技术,服务"三农"关键前提还是数字化,特别是构建一些行业性的数据化风控模型。

伴随农村商业互联网化的持续推进,彭博带领团队围绕农业产业建立数据模型,为从事不同农业生产的用户提供"千人千面"的贷款产品,甚至数据模型的颗粒度还能细化到地域、气候、作物、农户,做到在不同季节、不同生产周期的差异化授信。此时,数据再度回归业务的核心,网商银行在农村开启了数据化产融时代的大门。

　　涉农数据是解码农村金融的钥匙，除龙头企业以外，网商银行与地方政府的合作也提上了日程。2018年6月起，网商银行农村金融业务的重心转移到了"普惠金融+智慧县域"项目上，寻求与各县域政府合作，将多维度金融服务场景下沉到农村的同时，帮助政府提高办事效率，助力各地数字经济发展。

　　目前"普惠金融+智慧县域"项目已经在河南内乡、兰考，浙江安吉，湖北巴东等100多个县域上线，且增势明显，得到各地政府大力支持。我们仿佛看到一幅"数字中国"的壮阔蓝图正在徐徐展开，地域发展程度的差异、地理环境的阻隔都不再是障碍，农村金融产生于工业时代的困惑，在互联网时代悄然瓦解，接下来开启的是崭新的征途。

第二节

新桐初引

中州大地之上，一株55岁的泡桐枝干挺拔，亭亭如盖。三月晴空万里，阳光筛过树影，洒落跃动的光斑，忽而清风乍起，枝叶婆娑，哗哗作响，仿佛一股永恒的精神力量穿越半个多世纪在此间久久回荡……

泡桐所在便是位于豫东平原、黄河南岸的兰考县，而这株泡桐正是由"中国最著名的县委书记"焦裕禄亲自种下。

焦裕禄是谁？如今的"90后"恐怕只能依稀记得中学课本上有过一篇《县委书记的榜样——焦裕禄》，知道他是个鞠躬尽瘁的人民好干部。那么，不妨看看这首《念奴娇·追思焦裕禄》：

"魂飞万里，盼归来，此水此山此地。百姓谁不爱好官？把泪焦桐成雨。生也沙丘，死也沙丘，父老生死系。暮雪朝霜，毋改英雄意气！

依然月明如昔，思君夜夜，肝胆长如洗。路漫漫其修远矣，两袖清风来去。为官一任，造福一方，遂了平生意。绿我涓滴，会它千顷澄碧。"

20世纪60年代，兰考还是出了名的贫困县，饱受风沙、盐碱、内涝"三害"凌虐。彼时焦裕禄奉调出任兰考县委书记，他在兰考的两年硬是走遍了全县20多个公社、149个生产大队中的120个，查清了全县84个风口，测量了1600个沙丘和大小河流，终于探索出"淤泥盖砂、排涝治碱、植树挡风"的方法。此后，焦裕禄带领兰考人民大力栽种泡桐以改造生态，开创了平原沙区"农桐间作"的治理模式，而他自己却因积劳成疾，42岁便英年早逝。

故事并未到此中止，改革开放后，"三害"在兰考成为历史，但贫困始终是压在当地人肩上的一座大山，兰考贫困县的帽子一戴就戴了半个世纪！

直到近年，兰考的发展才有了全局性的改观，呈现出一派欣欣向荣的势头。

2014年1月1日，兰考县全面施行省直管县体制，并被定为国家级扶贫开发重点县，享受国家扶贫开发政策。当年，兰考做出了"三年脱贫、七年小康"的承诺。

2016年12月，兰考县成为首个国家级普惠金融改革试验区。

2017年3月，兰考7万多人脱贫，成为河南首个"摘帽"的贫困县。

2018年8月，首届中国普惠金融创新发展峰会上，兰考县政府的"普惠金融助力实现小康梦案例"获评"中国普惠金融典型案例"。11月，兰考入选2018全国"幸福百县榜"。

不必说，在兰考的跨越式发展中，普惠金融的改革试验是关键一环。而普惠金融的推进与农户信用数据的建立密切相关。有数据显示，我国城镇和农村居民信用档案建立量的比例为4∶1，对比悬殊，农户信用数据缺失，得不到信用贷款支持，成为普遍的困难。因此，发展农村金融，完善农村信用体系建设是第一步。

智慧县域在兰考

蚂蚁金服对兰考的关注始自2016年10月，一行人走访兰考后发现当地通过发展特色电商产业，已经拥有了较好的商业互联网化基础。兰考依托当地泡桐和农产品资源，明确了家具与木制品、农产品及深加工、新兴产业和循环经济相互协同的产业布局。

2017年1月9日，兰考县政府和蚂蚁金服签订了《"蚂蚁金服+兰考"战略合作框架协议》，就移动智慧城市、信用城市建设及普惠金融服务三大板块展开合作。在合作的基础上，蚂蚁金服基于县政府的相关数据，可以精准识别农民身份，进而为之提供金融服务。

当时的合作主要在智慧政府、智慧医疗、智慧教育、智慧出行等方面展开。一个直观的变化是兰考在河南全省第一个实现了城区内90辆公共车辆的数字化支付，包括支付宝、银联等产品在兰考都实现了传统公交卡的功能。

2018年5月，兰考开始与网商银行进行"普惠金融+智慧县域"的合作，当地人通过点击支付宝上的"城市服务"频道就能获得兰考人专属的金融服务。果不其然，短短50多天就有一万余户农户获得了贷款，占到全县农户数的7%~8%。三个月后，实现了总贷款额7500多万元，贷款余额6100多万元。

这个效率不仅让兰考县政府领导大为吃惊，也让彭博有点意外。如此亮眼的成绩背后，兰考普惠金融项目的执行者没有少下功夫。时任兰考县常务副县长王彦涛动员了2000多人，花了三个月的时间对农户进行信用信息的统计，为全县农民建立起了一套电子信用信息档案。

兰考还专门成立了信用信息中心，依托省农户和中小企业信用信息系统，组织开展信用户、信用村、信用乡镇和信用企业评定，共录入农户16万户、企业5708户，一举完成了覆盖90%以上农户的电子信用档案。

"有了信用体系之后，金融服务才能走入农村。"彭博坦言，农民使用授信额度是有条件的，一是要无信用不良记录，二是无银行征信不良记录，三就是有生产经营。因为网商银行不做消费金融贷款，只发放生产性贷款。

养殖户金琳琳就是其中的受益者。她新建的两个鸡场总共有9000只海兰褐蛋鸡，这种规模化养鸡场前5个月的累计投入在20万元左右。2018年年初鸡蛋价格一度暴跌，周围的其他养殖户将蛋鸡低价处理，而金琳琳刚刚安装完一套自动化设备，一旦转卖就会涉及高额的折旧，所以没有舍得贱卖设备、甩卖蛋鸡和关掉鸡场，一直保持亏本经营。此时，她的资金周转越发紧张，并且已经通过抵押向某家商业银行贷款17万元，亲朋好友亦求借无门，困局几乎无解。

在村支书的推荐下，作为兰考居民的她在支付宝中点开了"兰考普惠"贷款服务，这种不需要任何抵押的小额信用贷，申请程序简单，资金还可以一秒钟到账。金琳琳看到自己有3.5万元的额度，就全都申请了出来。渡过难关之后，鸡蛋行情好转，她的养鸡场终于转危为安。

兰考养殖户金琳琳

同样受益的还有兰考县南马庄村彭家伟。前不久，他还为一笔鸡饲料钱犯愁，"朋友推荐支付宝贷款，我的额度是2.4万元，操作完瞬间到账。"彭家伟笑着说。先前2018年春节他从当地的银行贷款十万元，结果贷款要村里开证明，然后去乡里盖章，再去县服务办盖章，最后去银行，整个流程共花了两个月……

配合着普惠金融改革试验，兰考现在的"普惠金融+智慧县域"项目开展得如火如荼。但回想当初网商银行向他要政府掌握的信用数据时，王彦涛是心存疑虑的，"蚂蚁金服、网商银行第一次跟我讲要政府提供数据，我心里面是完全排斥的。你要什么数据，你要数据干什么？后来在洽谈的时候，说明了要什么数据，怎么用，我们再找专家咨询，最后才一点点定下来。其实，数据不是我们想象的那么神秘，也不会那么容易泄露。并不是说我们与第三方公司合作，就会造成个人隐私泄露，造成社会公共舆论问题。通过和蚂蚁金服的合作，让我个人对于地方政府政务数据未来的开发、运用有了一个比较清楚的认识"。

在推进农村金融合作的过程中，网商银行的大数据风控绝不只依靠单一的数据源，除了阿里生态内的数据，蚂蚁金服还通过与农业保险公司、农业企业、政府机构等开展合作，结合农业保险、农业企业上下游种养殖数据等，以识别农户的农业生产经营行为。

识别出农户生产经营行为之后，蚂蚁金服的风控模型会对农户的种植、养殖能力进行分析和预测，包括种养殖的稳定性和成长性，建立种养殖评价模型。

彭博非常赞赏兰考政府的开放意识和实干作风："双方的合作能够有今天的局面，兰考县政府在项目推广上功不可没。"

兰考县对于普惠金融的推广是县、乡、村三级一体化的推广。第一层级，县上由王彦涛亲自带队，开全县视频会议，直接到村一级。全县16个乡镇，459个行政村，包括乡镇里负责金融的工作人员，行政村的支部书记、村主任和指导团，总共1000多人开视频会议。第二层级，则是由网商银行的专家到每个乡镇代表处集中培训，每个村派出几名代表参加，并动员群众接受培训。第三层级是扶贫办的驻村工作队，他们直接到村里去分享，拿着群众的手机跟群众讲，让大家知道普惠金融产品的使用方法。

与此同时，为了推动数字金融和数字支付示范县建设，政府还在兰考最核心的区域建立了一条数字示范街。在兰考教育工商学院、大的商场和各个村庄，建立起数字支付示范窗口，为大众普及金融常识和金融服务。

随着"普惠兰考"的持续推进，王彦涛对数字金融有了新的感悟，

"我们推广数字金融，总有一天要实现政府和各种金融机构的数据共享、使用和交换，在这一点上，我觉得需要地方政府和合作机构进行认真的思考、谈判和沟通，不然数字金融依然停留在口头上。"

他表示，搞数字金融、普惠金融，除了为广大群众提供覆盖领域更广、品种更多、成本更低、效率更高的金融产品以外，更重要的是让大家学习金融知识和思维。

"第一，培养金融思维。如果只是单纯给钱，他不会用，未来一定会逾期。要让他学会用金融思维来推动自己的成长。第二，贯彻金融规范。光有金融思维，非法集资也不行，还要宣贯金融的法律法规，不仅要尊重金融市场的秩序和规定，在自己的合法权益受到侵害时，也能拿起法律武器维权。"

对于兰考的普惠金融试验，中国普惠金融研究院院长贝多广曾有告诫："假如说未来我们普惠金融的发展仍然是通过资金的堆砌，或者是通过各种各样的政策支持，最后打造出一个'盆景'的话，我觉得这种模式既不可持续，也不可能去复制和推广。"

现在看来，兰考在普惠金融领域的探索并没有异化为"盆景"，而是利用自身独特的社会资源，充分吸引了社会各界的支持，许多金融机构、研究人员都积极参与其中。兰考与网商银行"普惠金融+智慧县域"项目全面铺开后，已有20多个县组队到兰考开展沟通交流。

第三节

"智慧县域"凭什么

　　长久以来，"金融"二字都以"高大上"著称，相反"农村"二字却通常给人贫穷、落后乃至愚昧的印象。当"金融"遇上"农村"，它们是如此格格不入，天然分立于两个相互隔绝的时空。长久的对峙使得农村金融拓荒之难成为某种刻板的成见，似乎"金融"进入"农村"必是水土不服。

　　幸而人们的固有成见在科技变革的生猛力量面前终究不堪一击。依赖大数据、云计算、人工智能等前沿技术，尤其是移动互联网的飞速发展，网商银行凭借"普惠金融+智慧县域"的解决方案，正在农村金融领域一路高歌猛进。

　　从2017年6月在河南内乡县签下第一份合作协议，到2018年年底上百个县域的全面合作，我们在目睹这场壮观的时代变局之时，也应当把目光稍作停留，去注意那些秉承开放姿态、善于作为的地方政府，那些凌晨两点还奔波在出差路上的网商银行一线工作人员，以及为农村金融保驾护航的智能风控系统……

"金融县长"

2018年6月19日，在河南省内乡县渚阳大道经营服装生意的老板杨君怎么也没有料到这一天光顾自己店铺的人群中还有一位特殊的顾客，他就是县长杨曙光。不过县长并不是当真来买衣服，他是带队来看看"智慧内乡"项目实施以后，商家的收款通道是否畅通，营业状况有没有改善。

杨君对杨县长说，自己创业没多久就遇到资金困难，后来，经朋友介绍了解到支付宝城市服务里面的"信用内乡"可以借款，抱着试一试的心态向网商银行借贷，没想到真的是"三分钟申请，一秒钟放款"。尽管只有2万元的贷款，但已帮她渡过了难关，现在她的小店已经盈利了。

这让杨曙光格外高兴，他一直很重视"智慧内乡"建设。曾在地方银行工作多年的他，对金融经济有着独到见解。2017年6月，在他主持下，内乡与蚂蚁金服达成"普惠金融+智慧县域"项目合作。

内乡县位于河南省西南部，南阳盆地西缘。东接镇平，南连邓州，西邻淅川、西峡、北依嵩县、南召。地形呈南北条状，南北长85公里，东西宽54公里，总面积2465平方公里，城区面积20平方公里，辖区内有16个乡镇。对于这样一个深处伏牛山腹地的山区农业大县，现代数字金融服务对于推动内乡发展究竟有什么样的力量？县委班子里观望犹疑者不少，好在，阿里巴巴名气很大，又有书记认可，杨县长一力承担，先跟着走走看吧。

此后，内乡县委县政府把"智慧内乡"建设作为面向新时代的"未来发展"重点工程，排在了全县工作的优先序列强力推进。由县领导牵头指导，政府金融办、农办、工商局等十余个单位高度配合，确保项目顺利进行。

首先是"智慧内乡"的宣传推广，在内乡政府支持下，各种媒体平台的线上、线下全渠道都动员起来。除了本地电视台、网站外，还通过灯箱广告、横幅等渠道尽可能全面触达。此外，还通过"投蛋活动"等趣味方式，让内乡民众对于一些创新服务有更深的体会。

对于"智慧内乡"下基层，内乡政府也做了统一部署：发动牧原集团、内乡职专等志愿服务人员200余人次，对各个乡镇、各个企业近5000余名专干进行了专题培训会，确保对全县所有单位、乡镇、村实现全覆盖，为"智慧内乡"落地铺路。

强大的"宣传攻势"带来了显著的成效，"智慧内乡"的数字账户基础被迅速建立起来，为普惠金融服务的顺利开展完成了前期的准备。

"可能有很多人认为，这与地方政府传统的职责范围是有区别的，超出了地方政府的职责范围。但内乡县委县政府认为，这种观点是非常传统、非常保守的。"杨曙光说，在市场经济条件下，市场和政府有边界，而这指的是权力的边界，不是指服务的边界；地方政府最大的职责就是推进县域经济社会实现高质量发展，在这个进程中，政府的权力是有限的，更是有边界的，而地方政府为社会提供的服务是无限的，服务的方式更是无限的，需要我们不断地创新。杨曙光的看法代表了年轻一代政府官员的志向与抱负，也非常符合国内政府机构改革以及向服务型政府转型的方向。

在他看来，过去说银行"嫌贫爱富"，其实倒也符合银行作为商业主体的经营规律。在科技尤其是金融科技还不够发达的时候，受成本约束和效率限制，银行难以把金融服务的网点开设到偏远乡村，触达低收入群体。但随着移动互联科技的发展，尤其是以蚂蚁金服为主导的信用体系和大数据的结合，极大地提高了风险控制和获取信用信息的效率，降低了成本，使"普惠金融"真正地"普惠"起来，而且实现了规模化，让金融服务触达每一个个体。而这也是"智慧内乡"建设的要义。

一年飞行10万公里

网商银行农村金融业务部的工位上，经常空空如也，负责商务拓展的业务人员基本都不在座位上，他们平均每周出差3~4天，一年差不多有60%的时间在路上。

在彭博眼里，正是团队的全情投入，换来了今天网商银行农村金融的大好局面。有一位负责云贵区域的同学，坐飞机比较多，一年的里程数大概有12万公里。另一个同学负责鲁豫区域，坐火车比较多，一年也跑了14万公里。其他人普遍都在10万公里左右。

如果是坐飞机，出差里程超出10万公里，人们首先会联想到的或许是一年到头的早出晚归，外加屡屡刷新忍耐极限，令人抓狂的晚点。

这些遭遇再怎样难堪，往往也难以留下记忆的细节。可是当你坐着"黑车"，翻山越岭穿梭在中国中西部的万重大山中，只消有一次滑行在悬崖峭壁边沿的"巅峰体验"，事后想来也一定会头皮发麻、心有余悸，令人终生难忘。

为了推进"普惠金融+智慧县域"项目，农村金融事业部的王胜⊖曾经不止一次去过湖北恩施州的巴东县，这是个地处大巴山东麓、长江三峡中段、神农架林区南缘的山区县城。讲起那几次经历他大为感慨。

最开始的时候，杭州上午9点的飞机，11点到宜昌三峡机场，而从三峡机场到巴东的大巴要近4个小时。为了不耽误工作，王胜一般需要提前预约当地"小黑车"和多个乘客拼车赶往巴东。拼车不等人，下了飞机就得上车出发，正好又错过了午饭时间。

后来，9点的飞机改成7点，那就意味着凌晨4点就要起来收拾洗漱。王胜经常顾不上吃早饭，马不停蹄飞到宜昌后筹划前往巴东，神出鬼没的"小黑车"又行程不定，有时不碰巧还要去宜昌市区接几个人后再掉头去巴东。到了巴东就下午两点多了，这才吃上一口饭。

还有一次，王胜去巴东县溪丘湾乡平阳坝村的农户家里。搭上小车正往巴东赶的时候，正巧碰上了高速隧道维修，临时封道，只能绕道老路。

"老路什么概念？就是山坡上的悬崖路，这路其实是单车道，不能会车，每隔上一公里有一个会车点。遇上中途堵车，只能让一边往后退，如果贸然错车很可能会翻下山崖。在那里，你时不时会撞见一长串车子一齐向后倒车的壮观景象，每当遭遇这种情况，很可能要等上半个多小时。"

小车贴着雾气蒙蒙的悬崖边缘慢慢摸索，来自华北大平原的王胜至今还记得惊险的场面，司机胆肥，连安全带都不系，反倒嘲笑起他们这些外地人大惊小怪。

⊖ 王胜（花名：天通），网商银行农村金融部运营专家。十年阿里人，拥有丰富的电商经验及金融经验。目前负责江西、江苏、浙江等地区与政府合作推广县域普惠金融的工作。

"那条路绝大部分路段没有防护栏，坐在那上面，说白了，万一掉下去，一点生还的希望都没有，所以每次都胆战心惊。我1米88的个子，一连十个多小时一路颠簸那叫一个酸爽，到了以后经常爬都爬不起来了……"

这些经历成为了网商银行同学们最难磨灭的记忆。大概人总是需要怀着一腔热血去成就一番事业，这样彼此之间的相聚才变得更加有意义。在与彭博的交流中，他就屡次提及农村金融团队同学的坚韧性格，他们是知难而进的一群人。农村金融是世界难题，对于网商银行也是创新业务，仍处在不断实践的过程中。将农村金融视为一份事业，他们付出了超出常人几倍的努力。

"农村金融需要什么样的人才？要懂农业农村、懂金融、懂互联网。我相信，在农村金融领域大家将会成为独一无二的复合型人才。"彭博说。从这个角度来说，农村金融领域的人才超过了现有的金融行业的精英。这样的话在当时听起来极具煽动性，然而，也确实点燃了网商银行与生俱来的那一腔热情。

风控系统"金刚钻"

在网商银行农村金融业务大踏步发展的背后，还有一群人不显山不露水，默默打造着网商银行引以为豪的"金刚钻"——大数据风控系统。

"家财万贯，带毛的不算。"这是农村金融圈子里的一句笑谈，但也可以看出农村金融信用评估和风险定价的不易。以往，不论是种植户的花果树木，还是养殖户的鸡鸭牛羊，这些活体的动植物连同农户的棚舍、农业用地都无法作为抵押物申请银行贷款。农民有贷款需求却没有抵押物，金融机构想要服务"三农"却爱莫能助。

而网商银行在短短3年间，从"数据化模式""线上+线下熟人模式""产业金融模式""数字产融模式"一路发展到向全国推广"普惠金融+智慧县域"项目。坐镇后方的正是不断进化中的智能风控系统。

农村金融智能风控的四大纬度

◎ "没确认过眼神，如何遇上对的人"
（精准识别农户）

面对广大农村和数亿农户，没有任何线下网点的网商银行，首先需要精准识别农户并给出最合理的贷款额度。网商银行在掌握阿里生态内的数据基础上，还大力整合当地农业保险公司信用数据、农业企业上下游种养殖数据，从而能够更为精准地识别农业生产经营行为，辨别出谁是真正从事农业生产的农户。而那些长期在外打工的，抑或在城市做生意的用户，网商银行就不会向他们提供农业贷款了。

◎ "千人千面"的贷款产品
（判断农户需求节点）

与传统金融方式多提供通用版的贷款服务不同，网商银行为从事不同农业生产的用户提供了"千人千面"的贷款产品。由于农业生产有着鲜明的行业周期性特点，农户需要资金投入的时段也有规律性。确保农户贷款的资金是确有需要的同时，为避免农户支付过多贷款利率，同时会对农户申贷时间的合理性做出评价，结合各地的农忙时间，在不同季节节点给予差异化的授信方案。在满足各周期生产经营所需的情况下，防止过度授信以降低风险。

◎**猪脸识别**

（**计算种、养殖能力**）

给农户提供多少的贷款额度，既能满足农业生产需要，又能将风险控制在一个合理水平？这就需要对农户的还款能力有更为准确的判断，从而给出合理的额度范围。

以农业产业金融生猪行业风控模型为例，网商银行借助阿里云人工智能技术，通过图像识别及IoT技术结合人工智能算法完成了对猪脸的识别。而且，还能动态记录一头猪的行动轨迹、体重、体温、料肉比、出栏天数等，基于这些基础数据的实时采集，再结合市场行情的数据，利用机器学习的算法建立了养殖评价模型。这个模型可以预测农户未来6个月内的养殖收益和风险，实现对养殖户的动态授信。

◎**基于"地域—气候—作物—农户"的全方位风控体系**

（**系统性风控架构**）

都说农业"靠天吃饭"，就是说气候条件对农业的影响相当大。网商银行利用时间序列等模型对各地的历史气候数据进行深度挖掘，对未来一段时间内的气候状况进行预测，形成了基于"地域—气候—作物—农户"的全方位种植评价体系，根据历史温度、湿度、降水、风速、光照等多种因素预测农作物的产量和损益，从而进一步精准识别贷款风险。

"我们的'金刚钻'是什么？就是数据化风控能力，龙头企业对接给我们生产经营数据，以及它在ERP系统的交易数据，可以帮助我们组建风控模型。而政府的数据支持，更是帮助我们深入农村，服务农民的信心来源。我们现在已经有了禽类的模型、生猪行业的模型，以及正在探索洛川的苹果、秭归的脐橙等。"

彭博以中原地区的冬小麦为例作了说明。10月是播种期，种植户在10月的贷款额度，就要高于12月，因为12月已经过了种植投入期。

"我们的风控模型甚至还考虑到了外部环境的变化以及不同农产品市场行情的变化。它能以大数据风控实现为特定行业的农户服务，为每一个努力改变生活的中国农民服务。"

其实，网商银行之所以能逐步下沉农村市场，是因为踩准了农村数字经济建设的风口，找到了数据这个支点，充分利用了数字普惠金融的可塑性和延展性。"三农"问题的关键在产业振兴，而打造"普惠金融+智慧县域"项目就是助力产业振兴、润物细无声的甘霖，当生产性农户全面拥抱互联网，他们将真正收获新技术带来的平等发展机会。不过，金晓龙始终认为网商银行的农村金融拓荒之旅才刚刚开启："通过数字化的方式，让'三农'享受到与城市用户无差别的、平等便捷的普惠金融服务，这只表明我们找到了正确的道路，相比农村金融更长远的未来，现在我们还处于探索中的'第一公里'。"

目前，中国农村经济正行进在数字化的道路上，新型的规模性经营主体正在取代小农作业方式，"三农"迎来了政策红利与科技红利叠加的时代机遇。网商银行需要考量如何迎接乡村振兴战略和"数字中国"建设的大势，通过与当地金融机构广泛合作，以线上和线下相结合的方式让普惠金融触达千家万户，这才是农村金融更壮阔的前景。

第八章

凡星闪耀时

闪射理想之光吧，心灵之星！把光流注入，未来的暮霭之中。

——泰戈尔

时间跨入2018年，网商银行迈向了创业的第三个年头。

当年，金融界发生了几件大事：一是银行业贯彻落实中央要求，要以"稳金融"支持"稳增长"；二是银行业加大对外开放力度，加快对外开放步伐；三是银行业"强监管"系列举措持续发力，整治市场乱象和互联网金融风险；四是在经历了供给侧改革和金融去杠杆的风潮之后，中央再次提出大力支持服务实体经济高质量发展，特别是支持民营经济和中小微企业发展。在一系列宏观趋势的影响下，银行业积极响应国家政策，大力发展普惠信贷、扶贫信贷及绿色信贷业务，"金融科技""普惠金融""小微贷款"成为全行业共同关注的主题词。

在过去的三年，网商银行从服务淘宝、天猫线上的"网商"开始，逐步走到线下服务那些被忽略的边缘群体"码商"，以及广大农村的种养殖户，为破解小微企业融资难这一世界性难题，提供了一套全新有效的解决方式。

不过，所有的能力都有边界。以往金融服务的问题是客户发现和客户筛选的成本太高。而互联网银行的优势在于大数据风控、长尾覆盖，但在风险的缓释手段、线下触达等方面力有未逮。所以马云认为在互联网时代，开放、透明、分享与共担责任已经成为核心价值，金融机构的开放合作已经成为大势所趋。

一直以来，开放都是蚂蚁金服的重要战略，开放的本质就是把自身的AI能力、风控能力、运营能力都开放给线下所有金融机构，以期在未来形成一个综合金融服务平台，为用户提供多种多样的金融服务。从而，既打破了金融机构之间的"信息烟囱"，又实现了能力互补，所带来的直接好处是大幅提升金融的可获得性。

网商银行全面开放的背后，是其在技术上的硬实力。网商银行作为一家注册资本金只有40亿元，没有线下网点的互联网银行，通过四年的探索，已经积淀了成熟的技术能力。今天，如果以开放的心态打开网商银行的科技"盒子"，让数据分析和风控模型像阿拉丁神灯一样，输出给更多的其他金融机构，那么，未来十足值得期待。

江河之水，非一源之水

2018年6月21日，临近夏至的杭州，天气晴朗。钱塘江畔，杭州国际会议中心的"大金球"光芒闪耀。上午九点，超过1400位政府官员、专家学者、金融机构代表和小微金融行业从业者汇聚于此，参加"钱江观潮——2018小微金融行业峰会"。

会上，来自国内外近50位嘉宾分享了对小微金融发展的见解。虽然视角各异，观点也不尽相同，但对于普惠、绿色的小微金融行业发展之路，大家聚焦了两大共识：依靠科技的进步为小微金融提供了全新的解决方案；小微金融需要行业参与者发挥各自优势，携手合作。

正是基于这样的共识，时任网商银行董事长的井贤栋在会上宣布启动"凡星计划"："未来三年，网商银行将与1000家各类金融机构携手，共同为3000万小微经营者提供金融服务。"

"江河之水，非一源之水。千镒之裘，非一狐之白。"井贤栋特

2018 年 6 月，"凡星计划"正式开启

意引用了《墨子·亲士》中的名句以明其志。讲台上，井贤栋目光炯炯，他扶了扶眼镜，继续说道："在新三年的起点，我们立下新的誓言。正式推出'凡星计划'，网商银行将向行业开放所有能力和技术，与金融机构共享'310'模式。"

在此一年前，井贤栋也对外宣布过，"蚂蚁金服所积累的技术能力和产品，将全面向金融机构开放，成熟一个开放一个。"一年后，网商银行的模式和能力开始全面对外开放，把线上优势与合作伙伴线下能力结合起来，使资金、资源通过毛细血管真正渗透到每一个社会经济的细胞之中，走向以开放、赋能、协作为特征的发展阶段。

"由于技术发展，让我们今天可以有机会通过数字化的平台，非常有效地触及小微企业，和他们进行实时沟通。针对融资贵的问题，通过AI技术的风控能力，通过基于云计算的运营能力，把运营成本、风控成本全部降下去，让利给小微企业。"在井贤栋眼中，网商银行在"凡星计划"的框架下能做的还有很多。

例如，智能信贷需求预测，小微企业往往有经营的高峰期，比如天猫、淘宝有"双11"、春节的备货，以及其他一些季节性的高峰。智能信贷需求可以精准预测所属不同行业的小微企业的实时供需浮动，依据不同消费的特征，临时提额加额，给到最好的融资预测量，达到更高的满足程度，解决经营的需要。还有智能客服，在客户有问题时，能帮助金融机构在线解答，帮助所有合作伙伴一起完成数字化。

在这时，网商银行就更像是一个金融平台，一方面银行一直期待触达小微商家，与网商银行的合作中，借助其生态内的交易场景、广泛客群，以及多维度的金融科技能力，银行的资金就能精准服务到小微商家。另一方面，通过"一起数据化"，网商银行和越来越多的金融机构一起，打破数据孤岛和各自能力的边界，共建模型、共享数据，为客户提供更高质量、更大额度、更低利率的服务。

对于合作中数据安全和数据隔离问题，金晓龙也做出了解释："我们把全链路的技术拆分成模块化，外部的金融机构既可以和我们进行全流程的合作，从营销获客到资产监控，到资产出表等；也可以就其中某个阶段的资金管理、风险控制或客户识别进行合作。通过人工智能实验室的平台，双方把数据投到'盒子'里，然后把里面的数据打碎掉输出结论性的结果。如此，原始数据就不会被泄露。"他说，数字普惠金融是全球性的课题，需要大家共同的努力，真正给世界带来更多平等的机会。

中国有上亿家的小微企业，农村金融更是具有广阔的尚未"开垦"的空间。只有各家金融机构优势互补，找到更多的"同道中人"，"点点凡星"才能缀满天际。因此，网商银行尝试寻求与一些地方的城商行、小贷公司、政府机构展开合作。力求打破信息孤岛，在尊重用户隐私，做好数据脱敏的前提下，聚合不同的能量，突破边界，产生更大的可能性。

向“竞争对手”开放

“凡星计划”自启动以来，吸引着越来越多的金融机构加入，百川汇流，蔚然成势。一年多的时间里，已有400多家金融机构与网商银行达成合作，包括桂林银行、广州银行、浦发银行、中金公司等金融机构，以及苍南联信、千岛湖康盛、义乌惠商等小额贷款公司……呈现出“潮平两岸阔，风正一帆悬”的壮观景象。

桂林银行董事长王能曾透露，与网商银行合作在农村开展“旺农贷”，最初三个月的试点，就为5000多个农户发放了7000多万元贷款。业务全面铺开后，不到半年就突破了30亿元。

广西是一个欠发达的地区，但它也有自身的特色产业。农村金融事业部的许凯⊖多次前往广西调研，据他分析，当地的产业大多与农业相关，比如养殖业、种植业，问题就在于如何围绕产业把金融服务做深做透。首先采取的策略是抓住产业的龙头企业做好供应链金融，然后持续推进、下沉，考虑支持基层种养殖专业户的问题。在探索过程中，桂林银行的地域优势与网商银行的金融科技共同发力，线下的尽调与线上大数据风控相结合，实现了互补共赢。

桂林永福县罗锦镇江月村贫困户廖永林，申请到5万元扶贫贷款，种植了6亩沙糖橘。但到了11月农资需求量最大的时候，扶贫贷款已全部用于前期投资。而桂林银行的1万元“旺农贷”立马到账，让他的沙

⊖ 许凯（花名：道善），网商银行农村金融部副总经理。2018年加入网商银行，构建与城商行、农商行、村镇银行的合作生态，助力县域经济发展。此前曾在阿里巴巴从事阿里数据平台建设，支付宝国际风险管理，芝麻信用金融行业拓展等工作。

糖橘都盖上了保温膜，沙糖橘不受霜冻，保证了很好的收成，刚过完年，沙糖橘全部卖掉，他一下子就把两笔贷款连本带息都给还上了。如果他下次再向网商银行申请贷款，因为有了数据信用，不仅资金额度高、到账速度快，更主要的是，贷款利率更低。

广州银行总部位于小微企业云集的粤港澳大湾区，这里每年新增数百万市场经营主体。坐享区位优势的广州银行，在广州市内网点覆盖面广，客户基础好。与网商银行类似，"服务中小企业"也是广州银行的经营理念之一。网商银行与广州银行的合作实现了线下及线上优势互补，技术及资金层面互相支持。

"网商银行基于阿里生态，如天猫、淘宝、口碑及1688等的线上经营场景，为我们提供客户导流。因此，我们拓展了获客渠道，降低了获客成本，而且针对交易场景建立的融资渠道也大大改善了客户体验度、金融可得性。"广州银行很看好双方的合作，双方的技术对接层面，是其数字化金融服务能力加速迭代的关键环节。如今，广州银行正在逐步打开思路、创新方案，不断强化服务理念，实现技术快速升级换代，并为将来长期性的技术升级做好了铺垫。

至于网商银行，则将自身难以覆盖的大额信用贷款服务客群，拉上广州银行一起，借助对方的线下服务优势弥补短板。默契的合作让双方共同突破思维定式，创新申贷流程，形成标准化审批规范，打造出标准、快捷、高效、优质的小微产品，惠及用户。

能力的耦合产生了裂变效应：合作开启后，广州银行在当月即落地了全国第一笔天猫平台化合作贷款产品（网商贷），为天猫知名服装品牌AMII提供了1000万元的贷款。"这次贷款要感谢广州银行和网商银行的合作，在我们提出申请后，网商银行基于我们的实际情况做了推荐，广州银行第二天就来调研了，整个过程三天就打款了。"AMII的董事长石松很是高兴，因为过去他申请贷款的时间一般需要两三个月。

在这个过程中，除了广州银行的线下调研外，网商银行通过阿里体系内外部数据，整体评估了AMII天猫商城店铺的经营能力、信贷需求、违约概率等要素，然后综合输出了一个评审结果。这种联合风控的方式，因为能更准确识别客户风险，不仅能给到更高的额度，也带来了放款效率的大幅提高。

黄浩曾说过，网商银行的优势主要在于线上数据化风控能力，而其他商业银行有综合化的多元服务能力，线下网点布局，以及资金成本优势，双方合作能够形成能力的互补，从而共同为小微企业提供更好的服务。

网商银行与广州银行的合作仍在继续加深，截至2018年12月末，广州银行在小微金融领域累计授信客户突破170万户，授信总额超1500亿元，累计投放超430亿元，授信余额超140亿元。

"凡星计划"发布短短几个月，网商银行已经与数百家金融机构达成合作，合作方式包括联合贷款、发行信贷资产证券化产品、供应链金融等。

以浦发银行与网商银行合作的网商贷联合贷款为例，浦发银行零售信贷部总经理潘耀东透露，加上此前的合作，仅这两项，浦发银行就实现了千万级的投放，申请客户数量达到千万级别，沉淀下来的优质客户数量达到百万级别。2018年浦发银行发放的互联网贷款同比增长227%，贷款余额较年初新增132%，服务客户数较年初新增103%。

"我认为互联网的核心精神就是分享，蚂蚁金服、网商银行正在尝试如何把我们的信贷技术更好地分享给合作伙伴。"井贤栋对"凡星计划"充满期待：网商银行服务的虽然是小微企业，但有些小微企业也会成长为大企业，慢慢地会有更大额的贷款需求。另外，天猫平台上本身有一些规模较大的头部商家，在融资上，它们的胃口相对比较大。这个时候，充当这些大企业与商业银行之间的桥梁，网商银行也是乐见其成的。

这样的合作是多方共赢的。传统商业银行的充沛资金、品牌价值、企业文化等也是网商银行看重的资源，双方在智能客服的提升、数据库技术、网络安全技术、信贷风控技术、移动开发框架等领域的合作也在如火如荼地进行当中。

"网商银行要做一个开放的银行，阿里巴巴骨子里就是有开放的思维。"井贤栋认为，以往网商银行与其他金融机构的合作更多的是为了扩充资产，比如资产证券化，双方相互买卖，不过这其实算同业投资。其他银行提出希望在客户端进行合作，这样网商银行就把前端的场景和客户资源向同业银行开放了。"未来，网商银行将走向全面开放，这是我们的价值和期望。"

这样的开放看上去是向"竞争对手"开放，在井贤栋看来，那样的认知是在过去的封闭思维逻辑下推导出来的。真正的开放合作，应该是把大家能力最强的那块板贡献出来，共同打造一个体验最好、风控最扎实的大桶，让里面容纳更充足的水，去服务更多的小微企业和个体经营者。

"双11"大练兵

"凡星计划"启动两个月后，2018年8月23日，网商银行在这天宣布了一条重磅消息：联合50家金融机构，共同为备战天猫"双11"的商家提供2000亿元的资金支持。2018天猫"双11"备战的第一枪打响。

活动计划在23日上午9点30分开始。未料早上8点，就有嘉宾提前到达会场，9点刚过，现场已经座无虚席。大家比较关注的是网商银行的开放与合作究竟是不是动真格的，网商银行助力"双11"，究竟怎么玩。

"双11"远比我们想象的要激烈，它犹如一座静静蛰伏的火山，蓄积所有的能量集中在每年的11月11日这一天定时喷发——2009年第一届"双11"购物节总销售额不过0.5亿元，仅仅一年以后，2010年的第二届"双11"购物节就创下了单日销售额10亿元的纪录。以后年年大狂欢，年年创纪录，经过近十年的进化，"双11"已从十几个商家、十几个员工的线上促销活动，发展到涉及线上线下200多个国家和地区，覆盖6.01亿消费者，囊括18万个品牌的购物狂欢节。更为瞩目的是，"双11"早已从天猫的独家促销日演变为囊括了所有电商以及诸多线下零售品牌的超级大狂欢。网购的消费力水平，逐年增长。这种巨大的消费力增长，给商家囤货带来了很大的压力，没有足够的现金流，很难应对"双11"的巨大订单量。故而"双11"的狂欢，对新零售企业来说，同样是一场资金流的大考验。

网商银行"先知先觉"的能力，表现在对于行业的洞察和数据分析。提前三个月，就开始联手银行、券商、信托公司、小贷公司等在内的50家金融机构，共同为"双11"商家准备了2000亿元资金。

"大家可能会觉得奇怪，距离'双11'不是还有三个月吗，为什么提前这么早开会？其实对于商家而言，为了让用户买得更舒心，他们的备货从8月就已经开始了，因此我们的融资服务也同步启动。"黄浩特意做了解释，"也许用户自己都不知道自己马上要缺钱了，而我们已经为他做好了准备，等他需要的时候，点点鼠标就可以立即申请到贷款。"这意味着，网商银行在客户看不见，甚至无感知的情况下，通过对整体环境、同类企业情况以及企业生命周期等数据的分析，已经提早洞知了行业个性化、动态化的需求。

"每年的'双11'都是数千万商家参与的重大节点，对于很多商家而言，'双11'销售得好甚至可以完成它全年一半的销售额，而'双11'之后就面临小微商家普遍资金紧张的年关，这个时候最需要金融机构的适时助力。"黄浩希望全行业共同努力，机构之间精诚合作，发挥各自优势，进一步满足小微商家日益增长的金融需求。

尽管2018年网商银行基于"凡星计划"，携手各大金融机构，拥有了强大的"外援"，但"坐镇前线"的金晓龙并没有掉以轻心，反而做了更细致的部署。

"双11"是"凡星计划"各参与伙伴的一次集体大练兵。金晓龙详细介绍了创新的玩法，他一连用了六个"更"来描述：更多小微企业，更高额度，更低成本，更多新模式，更强风控，更好体验。除了经营虚拟产品商家外，99%的淘宝、天猫商家都获得了贷款准入，并有超过50%的商家获得提额。

当天发布会一结束，七八位金融机构高管在活动现场围住金晓龙，主动提出希望可以在联合放款上提供更多的资金。

"凡星计划"的实施，促进了服务的升级。直接获益的是那些每年奋战在"双11"一线的小微商家。生鲜电商俞忠焱的公司肴易食深耕全球生鲜市场多年，他在"双11"一直有着出色的销售纪录。

2013年11月，他在大型预售活动中卖掉了上万只帝王蟹，并在当年拿下了年销售额8000万元和天猫生鲜类目TOP1的好成绩；2014年，俞忠焱再度推出鲜活新西兰生蚝的预售活动，7天卖掉40000多只生蚝，并在72小时之内从新西兰海域送到消费者的餐桌上；2015年的三文鱼、2016年的河鲀、2017年的帝王鲑……2018年"双11"前夕，就在他需要大笔资金集中备货，筹划打造爆款之际，他发现网商银行已经提前为他准备好了临时贷款额度。

更传奇的是一位"鸭蛋哥"赵永，就在2017年的"双11"，井贤栋还光顾了他的淘宝店抢购了3箱咸鸭蛋。2018年"双11"期间，赵永通过网商银行的贷款备货，大半天就卖出了80万枚鸭蛋，相当于满满9卡车。而2013年创业之初，他还是一个需要动用5000元彩礼钱开淘宝店的小商家。赵永特意给网商银行的小二写了一封信表示感谢：感谢你，看到了我当年的努力！

井贤栋感慨，正是科技的力量，让金融普惠成为可能，让赵永这样的小微商家有能力参与到中国的消费升级和创新创业的时代浪潮中。"得益于技术的力量，这个时代发展不平衡不充分的主要矛盾也会得到逐步解决。"

3个月后，2018年"双11"落下帷幕，这一次，仅用了107分钟即突破1000亿元销售额，比2017年快了7.5小时。网商银行组建的"金融共同体"为多达343万户商家提供了2020亿元的资金支持，贷款金额较去年同期增长37.4%。同时，网商银行累计投入3000万元补贴帮助降低商家融资成本。"我们希望给商家更大力度的资金支持，不仅有更高的贷款额度，还有更优惠的贷款利率"。根据金晓龙的介绍，2018年网商银行为超过67%的天猫商家提供了提额支持，累计提供给商家的备战资金同比去年提升了50%。

这一年还出现了一个新的现象，以饿了么、口碑为代表的本地生活商家首次参与了天猫"双11"。10月31日，网商银行与阿里本地生活服

每年"双11","310"模式都在默默支持商家的生意

务公司联合发布了本地生活商家金融解决方案。在"双11"前,他们做了详尽的调查,发现有75%的商户表示非常欢迎平台提供的金融支持,接近55%的中小商户希望快速得到5万元以下的贷款,26%的商户希望得到5万~10万元贷款。在接下来的天猫"双11"和"双12",网商银行为这些商家准备了170亿元的贷款提额。

一直以来,餐饮行业的商家普遍存活率不高,生命周期短,而且缺乏传统金融风险评估的数据,往往被认为信贷风险高,很难从一般性商业银行获得资金支持。不少餐饮商家在需要扩大经营、新开门店时,只能通过民间借贷等方式筹措资金,不仅利率高,还要被收取各种费用,限制了餐饮商家的发展。

"事实上,移动支付不仅让线下商业实现了数字化升级,也为小微商家获得金融服务提供了可能。"金晓龙介绍,大数据、人工智能等技术的运用，让商家每一次经营行为都在累积自己的信用，能够便捷地享受金融服务。

同时，网商银行正进一步打通账户、资金等全链路数据，帮助本地生活商家建立外卖、到店、零售的合力互动机制，引入税务数据，让商家"有税贷更多"，并推出企业团餐金融方案等特殊场景服务，以及为骑手、网点、物流等生态伙伴提供金融服务。量身定制的金融服务方案给了商家更贴心的服务。

针对大的品牌商、供应链企业，网商银行会联合金融机构一道共同服务商家线上线下的整体需要；针对一些有进口业务的商家，网商银行则与有境外服务能力的银行开展合作。其实，目前许多金融机构都处于战略转型的关键时期，呈现出从批发向零售，从大企业向小微企业转型的特征。网商银行掌握的场景、数据、流量，正好和它们形成互补。

网商银行的开放共赢策略，扩大了自己的朋友圈，不断增强的智能化金融服务能力，既为参与"双11"的数百万商家提供了充足的"弹药"支撑，也推动着"双11"购物生态的改变。

第九章

未来已来

真正的智慧不仅在于明察眼前，还能预见未来。

——贰任斯

"如果说过去20年互联网'从无到有'，那么未来30年，互联网将'从有到无'，这个'无'是'无处不在'的'无'，没有人能够离开网络而存在。"阿里巴巴董事局主席马云曾在第四届世界互联网大会开幕致辞上这样表示，他说，对于数字经济和网络空间与其担心，不如担当。对于科技的力量，马云是有预见性的。

　　过去20年，互联网技术从诞生到成长，涌现出了一批卓越的公司：美国的亚马逊、谷歌、Facebook，中国的阿里巴巴、腾讯、百度等互联网技术公司；互联网技术在这两个大国之间你追我赶。而未来的30年，互联网技术的变革将更加深入地影响生活经济的方方面面，并引领各行各业的深刻变革。

　　"未来的变革远远超过我们的想象。过去基本上是以知识驱动的科技革命，我想未来趋势不仅是知识的驱动，未来还是智慧驱动、数据驱动。"在马云看来，人类历史上经历了三次技术革命：第一次技术革命释放了人的体力，第二次技术革命超越了时空距离，第三次技术革命将会释放人的"脑力"：梦想、激情、想象力、科技信仰、创新冲动……每次技术革命大概都需要经历50年时间，前20年基本是纯技术公司的竞争、发展，而未来的30年则聚焦在技术的应用，互联网技术将被应用到方方面面，各行各业。

　　眼下，第三次技术革命已经开始。移动互联网的广泛普及，大数据、云计算、人工智能被大规模地运用。其中，金融行业作为以数据为支撑的虚拟资产运作和资源配置领域，往往最先感知到技术风向的变化。

金融科技"进化论"

2016年，花旗集团研究部门出具一份标题为"数字化颠覆"（Digital Disruption）的报告，报告极其严肃地指出：突破性的技术变革正在到来。

花旗用了一连串的数字来证明这一点：截至报告发布时（2016年）金融科技公司夺走了银行90亿美元的业务。在当时，这与银行业每年的业务量相比，占比很小。然而，花旗的分析师预测，在短短4年之后，金融科技公司的收入将跃增10倍，超过1000亿美元。至2023年，金融科技公司将占据北美消费银行服务市场17%的份额，即2030亿美元。

金融科技新创企业正在方方面面优化金融服务，这被视为大型银行面临的最大威胁，数字化趋势锐不可当。

在过去的十数年间，科技颠覆了许多传统产业，并使许多曾经家喻户晓的品牌、公司和行业变得几乎销声匿迹，例如在唱片销售、视频租赁、旅游预订、相机胶卷、纸媒广告和传统零售等领域。现在，时间将指针指向了金融业。

科技革新与进步在长达几百年的过程中一直作为辅助工具，推进着金融业务处理效率的提高，从电报、电话、广播等信息技术的使用，到ATM机、计算机的广泛运用，再到互联网和移动互联网的应用，无一不大大地推动着金融机构服务和产品的创新。高科技的应用颠覆着旧的商业模式，而这一改变也使得金融企业更直接地贴近他们的客户。

我们知道，传统金融方式的诞生，源自于它能解决金融交易当中的信息不对称问题，通过降低搜寻成本、规模交易成本以及交易风险，这种金融体系稳定存在了数百年。直至今天，它被另一种服务方式——金融科技所取代。原因就在于后者可以解决这些问题，并且更高效，风险更可控。

科技与金融的融合，对于现代金融体系的相关要素均产生了深刻的影响，包括机构、产品、市场、客户等。数字化的方式正在替代传统的物理方式。客户不再像过去那样，需要一个实体的银行办理业务，他们不再需要纸质化的、手动操作的银行，不论是贷款、财富管理还是支付，新的科技都可以实现前所未有的速度、简洁和高效。

在报告中，花旗银行给出了这样的结论：金融科技已经到达了助推银行业转型升级的临界点。

纵观银行业的发展历史，几乎每个阶段，科技创新都能在银行业中找到应用的身影：

20世纪50年代，在磁条技术和芯片技术的发展下，银行信用卡诞生；

20世纪60年代，银行POS机、ATM机等发明逐渐走入业务领域；

20世纪70年代，IT技术开始应用于金融市场和银行内部的后台系统；

20世纪90年代，伴随着通信技术的发展和计算机的大规模普及，银行的网银技术日渐成熟；

2010年前后，随着移动互联网时代的到来，大数据、云计算、人工智能等最新IT技术长足进步，大数据征信、量化交易、智能投顾、供应链金融和数字货币等新物种纷纷出现在金融领域。

对于金融科技的创新之举，中国政府在政策上亦表现出包容和鼓励的姿态。

2015年，李克强总理在《政府工作报告》中提出，要大力发展普惠金融，让所有市场主体都能分享金融服务发展的雨露甘霖。

2015年年底，国务院印发《推进普惠金融发展规划（2016—2020年）》。

2017年，党十九大报告指出要推动云联网、大数据、人工智能和实体经济深度融合。同时国务院和各部门在政策法规上亦多有支持金融科技的举措。

国家塑造了相对宽松自由的金融创新环境，让2015年前后，新一轮云计算、大数据、人工智能等革新技术进入中国并快速落地。彼时大部分金融机构并没有意识到技术革新将对行业产生的深远影响，转型动作显得温吞而迟缓。

如今，金融业获取数据的深度和广度、风控手段和风控技术、资金投放的决策过程、金融机构提供服务的角色都发生了深刻变化。这一次，站在银行面前的，是一群年轻的、看起来对金融业务似懂非懂的技术精英。他们从主流市场所忽略的用户需求切入，通过技术创新，以简单、便捷、低成本的方式，引入一些直击用户痛点的产品或服务，短时间内迅速引爆市场。

再加上传统金融方式效率不高、用户体验的不足、闲置资金的冗余，以及征信数据在数据量、深度和广度上的缺陷和不开放，都给金融科技公司留下了一个巨大的市场空间。

2015年应时而生的网商银行，依托大数据能力、专注的服务定位和持续的技术创新，在短时期内破解了小微企业融资难的问题，成了金融创新领域的先行者，成为中国金融科技发展波澜壮阔图景中的一个生动注脚。

有温度的金融

19世纪末20世纪初，意大利经济学家帕累托提出了"二八法则"⊖，他认为无论在哪个国度，财富的分配始终不均衡，世界上大部分的财富被掌握在极少一部分人的手里。一直以来，"二八法则"被各家银行视作金融决策的重要依据——80%的银行利润来自20%的重要客户，而其余20%的利润则来自80%的普通客户。因此，在银行业长达数百年的相互竞争当中，20%的优质客户成为他们争夺的焦点，传统的金融业说到底，仍然是一场商业巨头的资本游戏。按照企业成本利润率最大化的法则，差异化的服务成为商业银行客户维护方式之唯一选择，少数的有钱人被安放在VIP区域，享受优质的服务；而大量的所谓含金量较低的群体，长期处在传统金融体系的边缘，基本无法享受银行的金融服务。

那时，普惠金融还是一个遥不可及的梦想。当尤努斯先生携着"格莱珉银行"奔走于各国之间，为穷人大声疾呼的时候，仍然引来了不少非议，许多人把他当成慈善家而不是银行家，而格莱珉的本质并不是一个追求盈利的商业信贷模型，它不符合我们对于商业银行的传统认知。当然，小微金融也好，普惠金融也罢，不是银行不想做，而是这些金额小、期限短的贷款对于传统金融方式来说，确实费效比太高，大量的投入带来微乎其微的产出，银行觉得这笔买卖不划算。他们在面对小微金

⊖ "二八法则"也叫"帕累托定律"，1897年，意大利经济学家帕累托在对19世纪英国社会各阶层的财富和收益统计分析时发现：80%的社会财富集中在20%的人手里，而80%的人只拥有社会财富的20%。

融的时候一筹莫展，主要受制于以下几个因素：

一是银行的服务能力不够。虽然银行的硬件实力早已进入了21世纪，但是他们基于物理网点的组织架构、服务体系仍然滞后于时代发展的节拍。直接与用户接触的普通柜员可以处理交易，但是不能评估风险；用户填好相关资料后，由支行转送分行或总行，还要由总行的专家进行风险评估。信用的评估几乎只能依赖于有形资产的价值评估，抵押贷款成为主流。

二是中国信用基础的不完善。根据新华社发布的数据，截至2017年5月底，央行征信中心已累计接入3000家机构数据，收录9.26亿自然人相关信息，但是多数人的记录只有一个身份证号码，其中信贷记录人群仅为3.9亿人。这意味着，中国银行业经历了几十年的发展，还有近10亿人从未从银行获得过贷款，还有约4亿人没有被纳入央行征信系统。

三是有统计数据称，中国有近一半的"低收入家庭"，他们年均可支配收入不足人民币10万元，这些人理所当然地被挡在了银行理财产品的投资门槛之外。由于缺少抵押和完整的信用记录，小微企业的融资需求很难得到满足。但这些客户又恰恰是对互联网金融以及真正的普惠金融有着迫切需求的客户。如果说，金融服务之于财富阶层是一根杠杆，那么它对于这群人就是一场及时雨。

技术革新，提供的正是金融服务面向大众的可能性。

"如果银行不改变，我们就改变银行。" 马云在2008年第一次说出这句话时，支付宝成立尚不足4年，用户数量刚刚过亿。十多年过去了，蚂蚁金服迅速壮大，旗下的支付宝占据中国50%的在线支付和75%的移动支付份额。

支付宝已经成为全球最大的第三方支付平台。从支付宝到蚂蚁金服，短短几年，这些科技的应用最终使得我们的金融生活变得便利和丰富：过往，提及"金融"二字，普通消费者能产生的联想大多与银行有关。去银行存个钱、取个钱、转个账、买个理财或基金产品，以及交水电煤费，甚至查个余额，都得亲自跑一趟银行网点才能完成。信用卡和房屋购买贷款，是最普遍的与银行相关的借贷行为。而现在，支付、缴费、转账和购物这一切都可以在手机端支付宝轻松搞定，技术应用的本质是为人们节约更多的时间，而人类或许真的如诗人荷尔德林所述，将"诗意地栖居在大地上"，技术变革的无限复杂性与人们生活的日益简单化形成一种激烈的冲撞，也在我们的眼前铺陈开一幅壮美的图景。

网商银行在阿里电商生态和蚂蚁金服金融生态上进行技术迭代和服务创新。电子商务交易支付带来的丰富场景，为网商银行不断解决用户痛点和挖掘金融盲区提供了基础。网商银行的金融产品诞生于场景，服务于场景，以贴身的金融服务完善了互联网场景交易闭环。蚂蚁金服的BASIC 体系⊖则为网商银行提供了技术支持，其中的大数据智能分析平台，让它实现了信息从获取、分析到分享发布的全流程管理，而支付宝的巨大流量入口价值，也产生了积极的协同效应。

特别需要指出的是，脱胎于阿里小贷、阿里金融的网商银行，组织基因里就带着鲜明的阿里巴巴特色的文化、使命和责任，保证了团队凝聚力、战略前瞻性和强大的执行力。它几乎踩准了每一个"时代的鼓点"：外贸转型、新零售业变革、普惠金融、物流网络建设，并将之作为公司布局的战略方向。

网商银行的创新实践，向我们证明了三件事情：

⊖ 2017年，蚂蚁金服在云栖大会上公布了"BASIC战略"：区块链（Blockchain）、人工智能（AI）、安全（Security）、物联网（IoT）以及云计算（Cloud Computing）。

其一，科技是推动普惠金融的有效方式。

作为科技与金融的有力结合，网商银行服务小微的模式创新，对于新零售时代意义重大，在中国经济结构优化转型的过程中，将起到重要的催化作用。这些模式创新不仅让网商银行在阿里生态内的"淘系贷款"走向纵深，让"新零售金融"和"产业金融"齐头并进，也让广大农村的金融服务遍地开花结果，让互联网时代的中国普惠金融事业站在了时代的前沿。

网商银行所有技术的革新，都围绕着小微企业用户的真实需求来开展。在大数据技术的支持下，网商银行在解决中小微企业的融资难题上取得了显著的成果。正如北大国发院副院长黄益平教授的评价："普惠金融的根本难题就是如何对缺乏历史数据、缺乏抵押资产的低收入人群和小微企业做风险评估，好的普惠金融模式应该就是为这个问题提供有效的解决办法。格莱珉银行也好，网商银行也好，都是在这个方面做出的有益的尝试，也取得了不错的效果。"

其二，小微企业的信用是可以被测量的。

小微企业无担保、缺抵押、没有风控数据让大多数金融机构认为没有信用、风险高，难以对其展开服务，但是，对小微企业来说有一项业务是其难以造假的，这就是每天的支付流水。原先，在现金支付状态下，每天的交易情况难以被度量，但是在移动支付市场，依托支付宝"收钱码"等移动支付创新产品，小微企业每天的交易情况转变成为可量化、可分析的明确模型，让网商银行可以对其风险进行有效的计量，从而有效解决了小微企业的信用数据问题。

"网商银行让即使是最小的企业和最普通的人也能拥有数字身份。通过适宜的方式，大大降低了金融服务的成本，提高了所提供服务的质量，并改进了风险管理。"金融专家Matthew Gamser⊖的观点得到了网商银行业务数据的印证。2018年，其户均贷款余额仅为2.6万元，笔均贷款更低至1.1万元。而新增的1万亿元贷款中，96%都发放给了贷款需求在100万元以下的企业，笔均贷款时长约90天，年使用贷款频次8次。不良贷款率控制在1.3%，属于优良水平。这说明，这些"小、频、短、急"的需求，是典型的小微需求，大多数小微企业都是很有信用的。

其三，化解小微企业融资难题有了新的路径。

小微企业融资难、融资贵这个话题一直以来都是困扰中国经济的焦点。众所周知，大企业强国，小企业富民。国家更是出台了大量的政策力求解决小微企业的融资难融资贵难题。

一个金融生态数据积累越丰富，信息流通越迅捷、影响力越大、客户违约成本也越高，而数字化处理技术让每笔贷款的操作成本极低。因而，尽管每个小微客户的利润很少，但乘以海量的客户群，仍将是一个可观的数字。其商业逻辑是符合市场规律的。

如今，技术进步已经逐步消解了小微企业的"征信困境"。而征信一旦破局，占到我国市场经营主体95%的小微企业和个体工商户就有望享受到同等便捷的金融服务。过去，它们的需求缺少主流金融机构的重视。如今，海量的用户让这片市场成为蔚为壮观的蓝海，技术升级实现了小微客群的精准覆盖。

当然，所有美好的结果都是时间的产物。网商银行虽然成立不满四年，但如果回溯2003年支付宝到2007年的"网络联保贷款"、2009年的

⊖ Matthew Gamser，G20中小企业论坛CEO兼国际金融公司（IFC）首席运营官员。拥有超过35年的私营企业和金融行业经验，在国际金融公司工作了10年，担任过多个职位，包括东亚—太平洋地区（香港）金融业的咨询服务的主席。在加入国际金融公司之前，他在私营企业工作了25年，从事小规模工业发展的技术管理咨询。

"阿里小贷"，再到2013年余额宝登场，及至2015年网商银行成立，我们会发现，马云带着阿里人，在支付、贷款和理财已经分别经历了16年、12年、10年和4年的探索，殊为不易。

马云说："科技可以为了普惠、为了贫穷、为了小微（企业）而生。要让科技有温度，只有科技暖起来，人们才会真心喜欢科技。科技公司，要用向善的心态、商业的手法做好事，为世界带来好的改变。"

网商银行的小微金融服务正在呈现出数字化、场景化、智能化、可持续性等四大特征：数字化上，线下"码商"的崛起已然在改写商业史，一张二维码在让小微商家享受数字化服务的同时，也让信用的价值在数据的点滴积累中变得可以量化；在场景化上，金融服务与商业场景深度融合，服务因此无所不在又触手可及；智能化上，通过人工智能的辅助，服务更加个性化、动态化，提前预判与匹配用户的需求也成为可能；更重要的是可持续性，技术也降低了金融服务的成本，实现了商业上的可持续发展。

也许，网商银行的KPI中从来没有利润指标的做法，令人惊异，但是用较低的利润水平去服务最庞大的用户，这才是普惠金融最显著的体现。目前，网商银行所服务的小微企业只占据中国近亿家小微企业的10%，若能推而广之，小微企业融资问题定会迎刃而解。

普惠、利他与可持续

马云提出，人类已经从IT时代走向DT时代，IT时代是以自我控制、自我管理为主，而DT时代是以服务大众、激发生产力为主。这两者之间看起来似乎是一种技术的差异，但实际上是思想观念层面的差异。他说："IT是让自己做得越来越强，IT是信息垄断，我知道，你不知道，我就有利益。而DT必须学会共享，必须学会普惠，必须让别人强大起来，你才会强大起来。而整个世界的趋势就走向了普惠、共享与可持续。"

结合科技与金融的发展，井贤栋进一步指出，下一个时代的关键词是普惠和利他。在IT时代里，是科技创新让速度更快、效率更高、范围更广，是对金融服务的改进；在DT时代里，科技创新带来的是改革和重构，一切围绕用户为中心，始终坚持利他和普惠的思想。他说，"未来金融与科技将深度融合，互为生态。过去的金融生态下，金融机构是以产品为中心，垂直分割的。而在新金融体系下，一切将转变为以用户为中心。只有将技术和金融、金融和金融打破边界、深度融合，按照以用户为中心的方式组织起来，才能提供更优质、更个性化的服务。"

井贤栋的期待，展现出网商银行以科技手段践行普惠金融的理想气质。无疑，肩负这样的使命，完成这样的事业，也对领导者的素质和能力提出了更高的要求。

2019年4月，网商银行新一届管理层诞生，胡晓明任董事长，金晓龙为行长。胡晓明曾是阿里金融和阿里小贷的创建者，并任阿里云总裁四年，他的回归，使网商银行迎来了一位既懂技术又通金融的领导者。而金晓龙是一位长期从事小微金融服务的专业金融人士，曾在平安银行主管小企业金融事业部。

新的掌舵者，预示新的航向。"3年内，让全国的路边摊都能贷到款！"金晓龙已表明决心，而胡晓明早在阿里小贷创立伊始就提出了"成为小企业首选的金融服务商"的愿景。

"我们已生活在金融主导的社会，金融感知度对社会经济的影响力与日俱增，且远未结束。在这个过程中，我们既需要思考这个方向是否正确，更重要的是要对金融体系进行人性化改造，尤其要赋予普通民众、中小微企业平等享受金融服务、参与金融体系改造的权利，金融应该有充足的潜力帮助我们塑造一个更和谐、更繁荣、更平等的社会。"诚如罗伯特·希勒教授在《金融与好的社会》书中的期盼：金融应该帮助我们减少生活的随机性，而不是添加随机性。为了金融体系运转得更好，我们需要进一步发展其内在的逻辑，以及金融在独立自由人之间撮合交易的能力——这些交易能使大家生活得更好。

2018年7月，格莱珉银行的尤努斯先生再次来到中国，同时发布了新书《普惠金融改变世界》，他说金融是一种"改变世界的超级力量"，金融是一种产品，也是一种人权，只有满足信贷这种基本权利，才能让这个几近二元对立的社会变得更加和谐、平等。他以70多岁高龄写下了这些滚烫的文字：这是一个令人惊叹的科技时代，一个伟大的财富时代，一个人类潜能无限的时代。如今，解决我们这个世界面临的很多紧迫问题——包括饥饿、贫穷和疾病这些史前就开始困扰人类的问题——的方案近在咫尺。如果能够利用包括金融在内的有效工具创建新的经济秩序，这些世界难题都可以加速解决。

专　访
蚂蚁金服总裁、网商银行董事长
胡晓明

2019年3月25日，蓝狮子企业研究院图书创作团队来到阿里巴巴西溪园区，采访了蚂蚁金服总裁、网商银行董事长胡晓明。我们带着小微金融服务的困境、网商银行高速成长的动因，以及金融科技的发展趋势等问题展开了这场对话。

1

蓝狮子：长期以来，为小微企业提供金融服务都是一个世界性的难题。10多年前你创建了阿里金融，2010年又牵头成立了阿里小贷，多年以来一直致力于破解这个难题，你最初投身小微金融的原动力是什么？

胡晓明：我记得很多年前，马总把我叫到他家里，和我聊起这个想法。当时我们有一个初步的想法，就是要为阿里平台上的小微企业提供一百万元以下无抵押、无担保的纯信用贷款。

我在银行工作多年，尽管后来改行做了移动支付，但对于整个金融的认知依然来自于传统金融方式，也没有过给小微企业发放小额贷款的经验。但在阿里巴巴，我们始终有一种使命感，也可以叫愿景或价值观。我们觉得阿里巴巴这个平台的存在，就是要让天下没有难做的生意。越来越多的小微企业主们工作在阿里巴巴、生活在阿里巴巴，对他们而言，融资是一项巨大的需求。我们密集走访、调研了大量的淘宝卖家，听他们向我们诉说贷款所遇到的种种障碍和难题。当时我们就萌生了一个想法，一定要探索出一条新路，利用全新的技术和方法去破解小微企业的融资难题。

2

蓝狮子： 我们知道金融是一个准入门槛很高的行业，阿里金融初创期是怎样开始的，都遇到了哪些困难？

胡晓明： 2008年10月我离开支付宝加入B2B事业部，去解决支付和信贷问题，当时的淘宝、天猫都还在忙着电商业务。B2B事业部的一项主要任务就是实现商业模式升级——从信息平台向交易平台转型，解决相关商家的资金问题。

信贷这一块，当时我们面临的情况是既没有牌照，也没有资金，只能寻求和银行的合作。我是从建行出来的，所以一开始就找到了我的老东家，我们和建行联合推出网络联保贷款。由阿里巴巴输出数据、客户，双方共同建模，再由建行提供资金。尽管双方的团队都很努力，但或许是两个平台的基因不同，始终难以融合。从2007年开始合作到2009年年底，无论是信贷模式还是信贷风险管理，双方在理念上的分歧始终存在。最后我们觉得这样下去不是办法，于是决定自己来试一试看看。

3

蓝狮子：你在阿里小贷的时候，就曾提出过想创建一家阿里巴巴自己的银行。现在愿望达成了，如今重新回到网商银行，回过头看，你觉得今天的网商银行是否符合当年的预期？

胡晓明：自己做银行，并不是我们的根本目的，我们最终的目标还是希望能够真正解决小微企业、商家的融资难题。网商银行是一家以数据为驱动、以互联网为支撑，专门服务小微企业的银行，服务小微企业是这家银行的基本功能，技术力量则是其核心。通过三年多的努力，我们初步达成了当初的目标：网商银行累计服务的小微客群数量超过了1600万，更重要的是，所有这些客户从我们这里拿到的都是无担保、无抵押的纯信用贷款。这在传统金融方式中是不可想象的。我们今天能够生存下来，并且生存得还不错，靠的就是大数据风控技术。网商银行关注小微企业、关注人工智能、关注大数据，这一切和当时的初衷是一致的。

网商银行不是阿里巴巴的银行，阿里巴巴从未从那里拿到过一分钱贷款。我们希望借助阿里巴巴和蚂蚁金服的平台优势，服务小微企业，服务长尾客户，解决传统金融方式资源分配不均的问题。在大家过去的印象里，银行都偏爱头部和腰部以上的客户，尾部谁来做？没有人喜欢，因为成本高、金额小、风险大。今天，我们用了一种新的技术和方法，重新定义了银行业务，定义了一家专注服务小微企业的银行。用互联网的方法服务客户，这是中国银行业的一个巨大的转折点。网商银行的信贷技术，在全球都是领先的。通过网商银行的实践，我们甚至可以告诉全球的银行业，小微企业是值得信任的，只要你具备足够的科技实力，就能服务好这个群体。

4

蓝狮子： 网商银行是一家民营互联网银行，它在中国金融业不断变革的历程中扮演了怎样的角色？

胡晓明： 在中国，民营银行是一个特殊的词汇，我们目前的银行法是《中华人民共和国商业银行法》，而对民营银行则有另一套专门的规定。这些年来，国家对于民营企业办银行给予了很大的支持，我想民营互联网银行的未来肯定会越来越好，前提是今天的民营银行或互联网金融机构能够遵循金融的本质、风险的本质。对于网商银行的未来，我觉得根本的原则是永远坚持"创新不闯祸"，在遵循金融审慎性原则的前提下，积极开展金融创新。

同时，我也希望网商银行能够和中国目前的金融机构形成优势互补。中国不缺银行，阿里巴巴也无意做一家银行，如果网商银行最终走上和招商银行、中国工商银行同质竞争的道路，那就是我们的问题。所以，我们希望能够在差异化竞争中，一定程度地弥补中国金融业未能完全覆盖的小微客群。我们只服务于小微企业，坚持做小微企业的CFO，只做小，不做大，在这个宗旨下，进一步驱动创新。

5

蓝狮子： 你在阿里云工作了四年，技术进步对于网商银行或者整个金融业未来会带来怎样的改变？

胡晓明： 从我在阿里云的工作经验，以及作为一个有十五年互联网工作经验的人的角度来看，我认为有三股技术力量在持续推动社会进步。

首先是互联网基础设施。目前互联网作为公共基础设施的能力还没有被充分发挥出来。我们仅仅完成了部分2C互联网服务，2B互联网和城市互联网，还没有充分拓展。互联网的新技术层出不穷，类似区块链、物联网等领域还没有深度融合。

其次，数据成为生产资料。这对整个经济的影响是至深至远的，所以，企业、政府、消费者越来越重视数据，也都非常认同数据对经济行为的推动作用。

最后，计算能力的大量释放。今天我们所拥有的计算能力，哪怕是手机芯片的计算能力都是不可想象的，它相当于40年前的几万倍。往后看十年，计算能力会到达哪个层次？由于计算能力的释放，大量数据可以被快速处理，数据的价值被深度挖掘之后，就可以指导我们的生活和生产。

互联网的普及推动了各类经济行为的改变，但互联网现在的利用程度，我觉得还不到25%。支付宝拥有这么多的用户，成绩不俗，但阿里巴巴把电商做得再大，也还有很多消费者、小微企业，以及广大农村等待被开发，这些都是我们的创新机会。所以，网商银行的未来就是要围绕着互联网、大数据、计算能力进行持续创新。

6

蓝狮子：2018年6月，网商银行提出了"凡星计划"，希望在3年内联合1000家金融机构服务3000万家小微企业，这种开放的姿态对于网商银行意味着什么呢？

胡晓明：首先，我认为互联网的核心精神就是分享，分享是为了更好地聚拢。蚂蚁金服、网商银行应该把我们的信贷技术更好地分享给商业银行，应该不断地输出我们的风险管理手段。我们和银行、监管部门持续开展各种研讨会，就是希望把这种能力分享出来。

其次，客户是大家的。今天，蚂蚁金服服务的是小客户，但小客户也会长大，当他们变成大客户以后，就应该帮助他们去对接大型商业银行的服务。通过"线上+线下"的结合，为他们提供更好的金融产品，这叫服务升级。我们希望构建这样一个良性互动、开放共享的生态圈。

最后，与其他银行达成更好的协同关系，并把银行的能力聚合到我们的平台上来，包括资金能力、品牌能力、风控能力等。2018年我们推出"凡星计划"到现在，合作的金融机构已经达到三四百家，我认为还是非常成功的。

7

蓝狮子：你希望外界怎样看待网商银行，它的公众形象应该是怎样的？

胡晓明：公众形象蛮有意思，大众对网商银行的评价还可以。从根本上讲，网民都是善良的，他们看待问题比较公正。即使有一个看不准，十个可以看准，十个看不准，一百个也可以看准，他们的评价一定会越来越客观。就像支付宝、花呗，老百姓都非常喜欢。

小微企业需要网商银行，就是这股力量在鼓励我们往前走。虽然我们不如其他银行赚得多，但我们实现了服务小微企业的初衷。如果只为钱，这个世界上可做的生意很多，那不是我们的目标。我们考虑更多的是如何将银行业务和阿里巴巴其他业务板块融合，如何提高效率，能否对产业形成推动，以及我们到底为这个社会解决了什么问题。

8

蓝狮子： 小微金融一直是信贷风险的高发区，在中国的社会环境下，你如何看待小微经营者的信用问题？

胡晓明： 西方人常说中国人没信用，但实际上，中国的小微企业是最守信用的，只不过我们需要用技术，从庞大的小微企业群体中，把那些有信用的小微企业找出来，并给他们授信。谁说中国的年轻人没信用？关键是我们需要针对人群作分析，准确评估每个人的信用状况。

我们甚至可以这么说，有了互联网、有了网络信贷，中国社会的信用状况比美国还要好。因为中国社会的联合惩戒机制已经在我们的信用体系中确立了基本规范，而中国这个国家老百姓本身的淳朴民风也为信用环境奠定了文化基础。

为什么过去的金融环境不好？是因为贷款放给了不应该放的人，把贷款额度增加到了不应该增加的程度，风险被放大了。如果能够恰当地、精准化地进行授信，信用会越来越可控，这是我对这个问题的基本看法。

9

蓝狮子： 最后一个问题，从行业角度来看，你怎么看待中国的金融科技，如果有个坐标系的话，网商银行处于什么样的位置？

胡晓明： 第一，中国的互联网企业是非常幸运的，这个幸运来自于中国政府对创新的包容。第二，中国互联网的高速发展是历史性机遇。今天中国的互联网金融处于全球领先的地位，我认为金融科技中心不在新加坡、伦敦，甚至不在硅谷，而是在杭州，在西溪路上。

从事互联网金融15年，我觉得支付宝的诞生本身就见证了互联网金融的发展。15年风风雨雨，感慨良多。特别是2010年以来，由于P2P的野蛮生长，以及过度的资本驱动，互联网金融走了很多弯路，让老百姓蒙受了损失。但我认为这不代表互联网金融创新的方向是错的。这个大趋势是历史的必然，我们依然会坚定不移地沿着互联网金融、消费者需求去积极开展创新。从原来的消费互联网走向商业互联网，从消费金融走向产业金融。

第三，网商银行也好、支付宝也好，今天的经营能力已不仅仅局限在中国，而应该被分享到全球。中国的企业应该和美国企业一样，主动承担起推动全球经济发展的责任，为发展中国家提供经验，而不单纯是竞争。这对我们而言又是一个新的篇章。

在这个意义上，我认为网商银行应该被载入历史，其价值就在于信贷技术的创新，用数据技术推进风控系统的创新，用互联网的方式来开展金融服务小微企业的创新。我认为在银行业的历史演进当中，如果有几个重要的转折点，招商银行是一个，网商银行将是另一个。网商银行所迸发出来的创新理念和思想，诠释了我们的初心——让天下没有难做的生意，帮助弱势群体，帮助需要帮助的人，让这个社会更美好，我们也会坚定不移地沿着这条路走下去。

后　记

一

　　策划选题之初，我没有意识到——网商银行4年的发展历程，是一场"未来已来"的金融技术创新。自己从事企业的研究、写作和出版已有八年，对象多是中国500强或世界500强的"大象"，对外讲课时曾经断言"一家公司创立没有10年以上，意味着他没有经历过政经周期的考验，不具备成为一部图书的写作对象"。

　　思维的成见与变通，让我和本项目统筹啸云同学说，前面的调研就放手给年轻人吧——执笔者毛洺、编辑傅姗姗以及访谈人互联网观察者倪叔，他们陆陆续续地采访了三十多人。我们希望让更具好奇心的年轻团队，去碰撞一家创立时间不长的互联网公司，能够挖出些有趣的料来。直到安排我去采访，才觉察自己多少有点陷入哈耶克批判的"知识的傲慢与偏见"。

哈耶克曾经批评 "工程师"，虽然对自己的工程有丰富的知识，但是经常只见树木不见森林，不考虑人的因素和意外的因素。同样，认知惯性之于新兴技术的傲慢与偏见，近年来愈发显露出某种疏离于社会变迁的窘态；如今那些曾难入常人法眼的技术公司，已成为超越原有认识体系的新物种。幸运的是，长期处在企业调研一线，使我们有机会接触技术驱动下的各类商业变革，从而丰富与进化我们的认知。

二

蚂蚁金服高管的时间颗粒度被工作切割得很细，我们的提问又是高密度，受访者们尽力在紧凑的时间里绽放自己的风格。董事长兼CEO井贤栋具有CFO式的理性与缜密，他眼神犀利，偶尔会笑言我提问 "超纲" 了（不在网商银行的话题之内），却给予了正面的回答；胡晓明（孙权）刚从阿里云回归蚂蚁金服，这是他担任总裁兼网商银行董事长后首次接受外界的采访，言谈举止让人想起稼轩的一句词——"英雄无觅孙仲谋处"；网商银行第一任行长俞胜法曾在杭州银行工作过，现在换了一个舞台，他希望将自己在金融业务与政策上的智慧做出一份增量。

几场采访下来，能够感知受访对象身体里强大的阿里价值观基因，他们会反复强调——网商银行的初心是什么，建议我们能够清晰地表达出来。结合一些金融科技独角兽公司的发展历程，我们会发现，相比其他金融机构在金融牌照、政策倾斜与人才积累上的较大优势，科技公司时常与生存压力相伴，这并没有妨碍科技公司的金融创新和成长，因为成功的金融科技公司都充满着强烈的使命感。

调研途中，网商银行的同仁讲了一份最新的调查数据：79.6%的小微企业主表示对未来乐观，其中50%的人认为年增长在10%~50%。中国经济最乐观的群体竟是这群最弱小的"蚂蚁雄兵"，看衰的往往又是一些手握话筒的"头部企业"，而现在金融资源大多存在错配，令人嗟叹和深思之余，也越发能理解网商银行用科技驱动普惠金融的社会价值了。

三

创作讨论的时候，我问本书创作团队：故事讲得再生动，有些读者也会带有成见地认为，一家才创立4年的银行，会有很丰富动人的故事吗？

作为一位认真的、爱思考的年轻创作研究员，毛洺有点着急：何老师，他们真是在用有价值观的技术去驱动普惠金融，不到4年服务了超1600万小微企业呀！

好啊！我们无法去预言网商银行乃至金融科技的未来，我们就跟读者们分享大半年来的调研见闻，抽离掉注重讲公司故事或方法的传统做法，去做一本"说明书"，让更多有需要的人去了解网商银行的使命、技术和产品，共同推动金融科技将社会变得更美好吧！

做着做着，做这本书的价值与使命就全在这里了。

蓝狮子CEO
何 丹
2019年5月8日

致　谢

　　蓝狮子图书创作团队采访了网商银行的管理层、技术专家、客户以及金融专家总计30余人，采访录音累计2100分钟，消化各类素材200万字，调研创作历时200多天。

　　本书的出版，首先要感谢应邀接受我们采访的网商银行各位人士，正是大家开诚布公的交流探讨，为我们还原了网商银行发展的清晰路径，最终完成了这个前沿性的企业案例研究。

　　同时，特别感谢网商银行市场部的刘婕（斗爷）和刘杨（范鲤），从始至终，两位不仅帮助我们安排了网商银行内外部的采访事宜，也在图书创作过程中给予了细致的建议和指导。

　　吴晓波老师曾说每一次创作都是遗憾的艺术，我们永远无法穷尽事实的真相，尤其在非虚构的企业图书创作上，我们所能保证的是故事细节和业务数据的真实性，由此尝试接近事实本身。因创作时间、研究水平所限，本书不免有诸多疏漏和不足，恳请读者批评指正。

最后，也要感谢技术创新。在过去的短短几年中，新技术的应用让网商银行所代表的中国特色金融创新成为可能，这注定是一场"普惠"的盛宴。我们并非置身事外的旁观者，技术与金融互相形塑的新商业生态正在形成，而这，将由每个人共同见证。

毛　洺

2019年5月